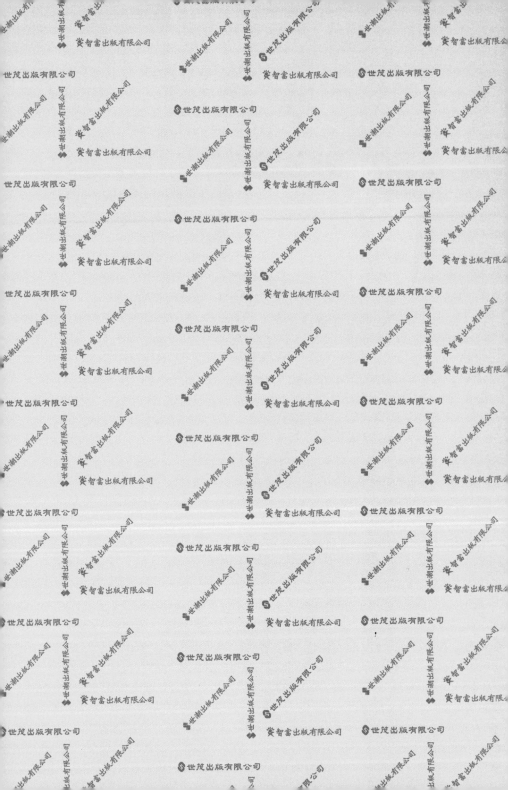

獨生子怎麼教

多湖輝◎著
鹿谷◎譯
日本知名教育、心理學家

獨生子怎麼教——目次

第1章◆「獨生子」會有什麼問題

第2章◆育兒之樂樂無窮

第4章◆爸爸是獨生子的「模範」

第5章◆獨生子的成長訊息

前言

試著問問周遭獨生子的媽媽、爸爸：「養孩子快樂嗎？」最近的爸媽，特別是媽媽，似乎對教育孩子感到很困擾。雖然很努力地教育孩子，卻得不到回報。每每想到自己的心血彷彿要付諸流水，有些媽媽就非常焦慮，表情也很黯淡。

面對這樣徬徨的媽媽，首先我要很確定地告訴憂心忡忡的媽媽：「養育孩子是件快樂的事」，但前提是「要隨性地養育孩子」。而這份輕鬆隨性，正是養育孩子必要的基本精神。

「但是父母該做的事很多啊！因為要讓孩子更幸福呀！」抱持這樣看法的父母總是這樣抗議。

可是值得商榷的是，父母親可以為孩子做的事根本沒有那麼多。

這個要給，那個不能少，父母親的心被滿滿的渴望給填塞住，孩子真的是在領受父母親神經質般窮追不捨的愛。

「唯有當父母親感覺幸福，孩子才會同樣變得幸福。」

「唯有開朗的父母親，孩子才能同樣地過開朗的日子。」

難道這不是親子關係中的本質嗎？

父母親究竟能不能給孩子額外的幸福，是孩子自身的問題。

養育孩子的時間，基本上到孩子羽翼豐厚、可以離巢為止，通常只有十五、六年。最最奢侈的，頂多二十年。這之後，孩子就要靠自己的手出外打拚天下。

能夠享受育兒樂趣的，僅僅這一段期間。

接著父母就要面對孩子的漸漸遠離。請記住這句話：「如果愛孩子，就讓他流浪旅行去。」

如果你不愛自己的孩子，就沒必要放手讓他流浪旅行去。你大可以把孩子拴在家裡，給他糖果屋似的甜美生活。

真的愛孩子，就請讓孩子嚐嚐像鹽一般的苦澀滋味。

放手讓孩子出外流浪，孩子才能重新看到自己。瞭解世事，才能在世間的驚濤駭浪裡尋求成長。

父母能做的是，讓孩子知道怎樣才能在驚濤駭浪的人生中安身立命，怎樣忍耐並渡過難關。而這些技能，大可以在日常生活中養成。

讓孩子成為一個可以感同身受的孩子；讓孩子瞭解別人跟自己一樣都是珍貴的存在。

如果沒有這樣的體認，孩子無法交到真正的朋友。如果你懷疑別人，朋友自然會離你遠去。

這是活在這世界上非常基本的認知，請務必告訴孩子這些道理。

此外，該如何在世間的驚濤駭浪中安身立命呢？我想許多基本的禮儀是必要的；例如：懂得和人好好地打招呼、打扮得體、遣詞用字正確合宜、用餐時細嚼慢嚥、搭乘交通工具時不要做出引人側目的事。做個禮儀高手，就是生活贏家，這都是平日父母可以教導孩子的。

像我舉出的這些規範，都要靠孩子自己來施行。父母親能幫孩子的不多。只要父母傳達孩子這些應當注意的事，父母就已盡了百分之九十該做的事。

活潑而開朗、能夠博得周遭好感的孩子，父母跟孩子都會因此感覺到幸福。

生性有點膽怯，面對重要比賽時沒有用盡全力的孩子，也比老是泰然自若地欺負別人的孩子要來的更好。本書的兩個重點是：

☆父母親在育兒過程中，可以做的事不多。

☆如何切實地做好這「少數的事」，是父母的職責。

父母可以一邊遠遠地望著獨生子，一邊思索哪些是該做的。

育兒的快樂程度，要看父母的想法。懂得訣竅，妙趣橫生。

養兒育女的過程應是不辛苦、不憂愁的，而且是打從心底的快樂。

◆第 1 章

「獨生子」會有什麼問題

◆「獨生子好可憐」根本是無稽之談

獨生子的父母親一定要終止「獨生子好可憐啊」的類似感嘆。

很多父母因為孩子是獨生子，所以對他感到非常愧疚。父母把孩子是獨自一人的歉疚全往自己的身上攬。

獨生子的身份跟其他有兄弟姊妹的孩子一樣，有缺點也有著優點。並不是說獨生子就盡是缺點，而有其他兄弟姊妹的孩子就佔盡優勢。

那些因為孩子「只有一個人」而滿心愧疚的父母，真的大可不必如此，因為這樣的心態對孩子是無益的。

獨生子女無法改變既定的事實。如果別無選擇，卻又要一再地被提醒獨生子的環境是不健全的。那麼你要孩子怎麼自處呢？

還不如告訴孩子：「你是家中唯一的孩子，很好耶。爸爸和媽媽只愛你一個。」

如果周遭的鄰居或親戚以一付憐愛的口吻說：「你都沒有其他兄弟姊妹，一個人好可憐吶。」這時，請明明白白地告訴孩子：「你是獨生子，多好呀！」

只生一個孩子的媽媽，動不動就會被親戚或是鄰居提醒：「還不生第二個嗎？只生一個，孩子很可憐的。」

不管是「孩子一個人很可憐」，或是「好孤單」，都是大人自己的想法。我想當事人的真正感覺是，「因為從來就沒有過兄弟姊妹，所以沒有感覺。」

而這種被同情的語言裡，往往還加入哀憐的色彩。

如果你將對方視為平等，應該就不會使用類似悲憫對方的語言。

獨生子女沒什麼值得可憐的。請讓獨生子女擁有自信，那麼獨生子女也能享有獨生子女家庭才有的莫大歡樂。同樣的，有兩個以上孩子的父母也請讓孩子知道有兄弟姊妹的好處。

本書將會充分舉出獨生子女的好處，父母親可以把這些好處告訴你的孩子。

善用獨生子的特質是養育孩子上重要的事。

◆獨生子的代表人物——大雄

我在之前的著作《獨生子手冊》中曾經提到，卡通「哆啦A夢」裡的「大雄」是最能代表獨生子的經典人物。很多獨生子的父母看了我的評斷後，總要忍不住誇讚我，「因為看了你的書變得更瞭解自己的兒子了」。我再次簡單地做一說明。

關於獨生子的經典人物「大雄的性格」，我做了以下的分析：

1. 愛撒嬌
2. 常感孤單
3. 任性
4. 無法忍耐
5. 自己想怎樣就怎樣
6. 自我中心
7. 沒有決斷力
8. 優柔寡斷

綜合看起來是一個沒出息的孩子。確實，大雄是個只會搞砸事情、懦弱、凡事只會依賴哆啦A夢的孩子。

但是請好好思索一下，大雄這樣一個孩子，他不全然都是負面的。

我們不會看到大雄去欺負朋友、說謊、瞧不起別人。大雄一點也不狡猾。

每個人都喜歡大雄。正因為大雄好，所以哆啦A夢才出現在大雄家，不是嗎？

簡單一句話來概括大雄，大雄就是個「好小孩」。他就像一個不染塵埃的天使，完全一付挺直生長小樹似的姿態。

「好孩子」確實是很棒的孩子。因為好孩子秉性質樸，對事物很少有偏見，所以不管外在的環境起了什麼樣的變化，他都依然柔軟。

我覺得「好孩子」是步向偉大的人的基本素質。而大雄的善良正是獨生子的魅力所在。

「獨生子女＝負面」的想法，是無濟於事的。找出獨生子的長處，加以發揮，是爸爸和媽媽的責任。

一般認為獨生子比較優秀

◆在《不要再讓別人說「因為他是獨生子」》（YOU AND YOUR ONLY CHILD）〔納克曼（Patricia A. Nachman）與湯普遜（Andrea Thompson）合著〕這一本心理學者的著作中，對獨生子女與有其他兄弟姊妹的孩子做了比較性的調查。

以下是調查項目：

1. 達成意識
2. 性格（領導能力、寬容度、協調性等）
3. 自我掌控（獨立、自制、自己掌握人生的意識）
4. 個人的適應性（自尊心、精神的安定）
5. 社會性（社會的參與度、外向性、人氣）

這些項目對那些沒有兄弟姊妹且缺乏競爭力的獨生子女而言，都滿不利的。

但是不管結果為何，獨生子女或是有其他兄弟姊妹的孩子，是沒有差別的。

特別是第三、四項中的自制和精神安定，和第五項中的社會參與度，有兄弟姊妹的孩子要明顯地優於獨生子女。

這些都是一般人對獨生子女的負面刻板印象。而一般人也很容易就接受這樣的看法。

「獨生子女會有很多問題」，這種看法是三十年前的老調。因為那個世代，出生率都在二以上，每個家庭正常都有兩個以上的孩子，所以有那樣的看法並不稀奇。

反觀現在，每一個女人平均只生一點三個孩子，獨生子女變成普遍現象。獨生子女不再是少數派，而成了多數派。

這時候的父母親和大人如果仍要一味地認為「獨生子女會出問題」，我想問題的癥結應該在父母自己的心態吧。我希望父母親對獨生子女要有絕對的信心。

◆獨生子女獨享的好處

我想從獨生子女的養育環境來分析。在養育孩子愈形困難的今天，獨生子女的教養環境真的是非常得天獨厚。

1. 好整以暇地教養

前面我才剛提到「哆啦A夢」裡的大雄。大雄就是一付好整以暇、不急不忙的模樣。因為他享有父母親的一切情愛，凡事顯得非常從容不迫。

擁有大量親情的孩子很少會誤入歧途，或變成不良少年。

2. 無從比較

獨生子女因為沒有兄弟姊妹、無從比較，所以比較能夠依照自己的才能去發揮。

獨生子不管做了什麼事，因為是家中唯一的孩子，所以評價總是很高。

獨生子不知道什麼是焦慮，往往可以靜心地唸書和學習。有兄弟姊妹的孩子沒有這麼幸運。

3. 不狡猾

獨生子女因為一直都在父母的視線掌控範圍內，所以說謊和狡猾都派不上用場。甚至連說謊都沒想過。

有兄弟姊妹的孩子，只要父母不在時，當哥哥的會把自己的失敗全推到弟弟、妹妹頭上，有時還會偷偷地把剩下的蛋糕全吃光。而當弟弟、妹妹的則會動腦筋想辦法利用哥哥和姊姊。獨生子女根本沒有這樣的心機，也沒必要耍這樣的心機。

4.經濟上比較寬裕

我想獨生子女擁有相對寬裕的經濟環境。就算家庭不是很富有的，可以花在獨生子女身上的錢畢竟也相對要多一點。

在教育費高得離譜、教養孩子日形困難的今天，教育預算成了不可忽視的問題。有些父母一想到孩子要一直花錢栽培到大學為止，就斷了再生第二個孩子的念頭。

獨生子女可以擁有父母全部的情愛和金錢支援，就目前的現代社會而言，我認為這是比較理想的培養環境。

5.可以獨占情愛

因為可以獨佔父母親的愛，所以經常黏著母親，容易產生戀母情結，這也是獨生子給人的印象之一。因而獨生子女常被批評任性、愛撒嬌。但是追根究柢，父母親離不開孩子也是問題所在，而不是因為孩子是獨生子女才有這種性格。

因為只有一個孩子，父母親（特別是媽媽）只要很依戀孩子，通常獨生子女多少就會是問題點。總之，我無法認為獨生子女就一定是決定性的問題所在。

問題在於父母親能不能放下孩子。實際上，有戀母情結的男性，據說很高的可能性都是獨生子或是家中的么子。

對孩子而言，接受來自父母親的愛、並活在愛的滋養中是非常重要的。特別是幼兒時期，儘可能給孩子愛與肌膚上的撫觸是很好的。

有些職業婦女因為無法給孩子太多的時間而感到惶恐。我的看法是，媽媽對孩子的情愛，不在於陪伴時間的長短，而在於情愛的「深度」。

關於類似問題的探討，我在第三章將有充分的解釋。就算時間短，只要讓孩子覺得那份愛是牢靠的，孩子就會因為這濃郁的母愛而感到安心。

◆為什麼「獨生子女比較聰明」？

除了前面提及的經濟上相對寬裕外，獨生子女也有比較豐富的人生經驗。

不管是上才藝班或是參加各種營隊、旅行等等，跟有其他兄弟姊妹的孩子相比，獨生子女可能有更多接觸的機會。

孩子從小接觸真正的藝術鑑賞，觸摸真正的實物，確實能豐富孩子的感性。

只要考慮到現實面的經費問題，食指浩繁的家庭要經驗這麼多美好的事物，就算父母很願意，掂掂荷包後他們也知道無法一一實現。

調查結果顯示，獨生子女因為有較多時間與父母親共處，所以智能較高。特別是語言能力，不僅語彙豐富，表現也較達意，比起其他有兄弟姊妹的孩子優秀很多。

根據美國的一份調查顯示，獨生子女比其他有兄弟姊妹的孩子閱讀更多書籍。

美國電影裡，孩子從小就自己睡；晚上睡覺前爸爸和媽媽會講故事給孩子聽；當孩子一入睡，就關掉電燈；這是我們非常熟悉的畫面。

也正是只要全心全意照顧一個孩子，所以父母親有充裕的時間講故事給孩子聽。

剛剛我們提到獨生子女的語言能力比較優越，這對學校的功課很有幫助。雖然一提到語言能力，一般人馬上會聯想到國語文能力。但是學校的所有科目都要透過言語和字彙來教導，孩子才能受教理解；即使是數學，雖然使用的是數字，但是老師教授的方法與考試的出題方式也都脫不了語言。

最近有些小學，完全以英語來授課。在英語授課時數增加下，英語學習效果自然很好。雖然數學、自然、社會和普通小學的課程內容是一樣的，但是因為學習的方法用的是英語，所以英語能力為之大幅提升。而在這樣體制中的孩子只要英語能力強，學校成績應該也不錯。也就是說，語言能力是非常重要的。

經常和父母親談話應對的獨生子女，想當然語言能力會較高。

◆獨生子比較不像長子

獨生子真的像「長子」嗎？從精神面、內部層面來分析，獨生子並不那麼像「長子」。我想他們潛意識裡，比較像老二或是老么。

「才你一個，很孤單吧。」「獨生子才好呢，可以一個人完全霸佔媽媽。」獨生子常被這樣說。

「嗯，小明，你好棒噢，很會應對。真不愧是大哥哥，是一個好榜樣。」獨生子幾乎不曾被這樣讚美。因為人們只會著眼於獨生子的身分而忽略了長子的身分。而「長子」這個名稱下，其中還有「哥哥」的涵意在。

剛剛那句話，正確一點的說法應該是：「嗯，小明，你好棒噢，這麼有禮貌，真不愧是家中的獨子，很有架式。」

但是嚴格說來，獨生子並不是大哥哥。這是問題所在。

「我想要有其他的兄弟姊妹，弟弟或妹妹都好。」

聽到獨生子這樣央求時，有的父母親會滿為難的。

他不會說他想有哥哥姊姊。有其他弟妹的長子，有的會希望擁有一個可以取代自己地位的「哥哥」。因為當大哥的，必須承擔各式各樣長子該盡的責任和義務，所以很多身為家中長子的，恨不得有人可以取代自己，去承擔那些重責大任。

實際上，獨生子也的確有「哥哥」和「姊姊」。現實生活中，獨生子女接觸最多的雙親，有時候，爸爸就好像酷得不行的「哥哥」，媽媽則化身為溫柔體貼的「姊姊」。父親和母親角色上模糊了對兄姊的企盼。獨生子常常想要來個弟弟或妹妹作伴。

常常我們在獨生子的孩子裡，隱約看到次男和么兒的性格。撒嬌、容易感覺寂寞，不就是那樣的典型個性嗎？

◆現在每個孩子都受到無微不至的照顧

現在，幾乎所有的孩子都像是家中的唯一孩子那樣受到照顧。

之所以會有這樣的現象，原因是電器製品的發達。這三十年來，被稱為「家事」的工作，因為電器製品的發達而有了很大的變化。

燃燒木材炊煮餐飯的人漸漸少了；用手洗濯衣物的人也幾乎看不到了。再也沒有人用薪柴燒煮大量的洗澡水來洗澡，或是用畚箕掃把來打掃屋子，這些勞動的身影漸漸從我們的日常生活中隱退。

電器化的結果讓現代的母親擁有更多自由時間，可以撥出更多空閒用來照顧孩子。就算孩子不只一個，媽媽依然可以看管到每一個孩子，並照顧得無微不至。

過去，那種哥哥姊姊代替忙碌的媽媽，照料底下年幼弟妹的情景，現在幾乎是看不到了。

現在父母親掌控的範圍擴大，不管有幾個孩子，也能像只養育一個獨生子女那樣照料。

再進一步分析，姊姊和弟弟、哥哥和妹妹這樣的關係，不論是何種組合，孩子都可視為是家中的獨生子女，父母依照獨生子女的方式教養就是最自然不過的了。今天很多家庭就是用這樣的方式去教養孩子。

每一個小孩都有自己的房間，擁有自己的玩具，這一世代的孩子物質上真的都很豐盛。優渥的經濟條件，讓孩子可以依據個性的不同，穿不同風格的衣服，學習不同的才藝。

實際上，兄弟姊妹之間的吵架打架也難得看見。

就很多實際上發生的事情看來，今天，有一個孩子以上的家庭，其實每個孩子都像獨生子女那樣被眷顧教養。因此自己的孩子是獨生子女，實際上是沒有什麼問題的，也根本不用去操心它。

◆就孩子而言，「孤獨的時間」也是非常珍貴的

「我有點擔心孩子沒有朋友。」——很多媽媽這樣說。

但是，儘管群體生活很重要，就孩子而言，孤獨也是非常珍貴的時間。知道這個道理的人，恐怕只有獨生子女自己知道。

《孤獨之必要》（諸祥富彥著）這本書中，作者說道：「人因為孤獨而有絕妙無比的創造。所以自己非得學習面對孤獨不可」。

我對這句話深有同感。我也發現，能夠獨自一個人活著的力量，是現代社會必備的能力。最近頻頻發生有人因為無法忍耐寂寞，而選擇自殺的消息。甚至有集體自殺事件的發生。

這群人與其說是孤獨，還不如說是與社會嚴重疏離，他們在偶然的因緣際會下認識並變成朋友，而後相約自殺。啃蝕他們的不是孤獨，而是與社會格格不入的深刻疏離感。

「孤獨力」的真正意思是，就算得不到周圍的人的認可，仍堅持走自己的路。

足球界的超人氣偶像中田英壽，高中一畢業就加入日本足球聯盟。才唸高中的他，初次登台即贏得相當的注目。

一般的選手大概會因為來自外界的掌聲變得自負，而不願再努力練習也說不定。

對一個十八、九歲的年輕人而言，面對突然得到的大筆財富，不昏頭轉向、酒色財氣才怪。但是，中田英壽跟一般人不一樣，他對足球的熱忱也不一樣。

每天晚上練習後，他沒有同流合污地跟前輩們大夥尋歡作樂去，而是一個人默然地消失。曾經有人以為他躲到哪裡去取樂了，為了一探究竟，有前輩偷偷地跟蹤他。後來才知道，中田英壽放棄娛樂，只是一個人默默地練習足球。

當然只有他一個人，這才是真正的孤獨。朋友做別的事去了，而他有自己的目標。為了實現那個目標，他一個人奮鬥著。這是毅力。

對他而言，加入日本足球聯盟並不是目標。他的目標更遠大，那就是踢進世界，也就是加入歐洲球隊，跟世界最頂尖的球員一較長短。他的夢想在於跟義大利足球隊踢出高下。

棒球投手野茂英雄也是這樣的人物。

他以加入美國職棒大聯盟為目標，並且為實現這理想而孤軍奮鬥。

當他被網羅加盟洛杉磯道奇隊時，日本媒體、世人都以冷峻的眼光盯著他看。但是當他獨特的大轉身龍捲風投球姿勢掀起一陣旋風後，日本人才透過電視轉播看到他的英姿，並以他為傲。那是戰勝孤獨贏得勝利的野茂英雄。

從這些例子我們可以深切地體認到，對孩子而言，孤獨一人的時間是多麼珍貴。或許父母看到的是孩子正在發呆的模樣，但這時孩子的內心正在急速地成長。

所以如果你的孩子正集中心思在某件事情上時，請安靜以對。

或許孩子仍希望持續這樣的時刻，媽媽可以在不遠的地方陪他。為什麼孩子希望媽媽一直陪伴著他呢？因為孩子覺得有媽媽在的話，他可以安心地聚精會神。而當他不再集中在某事情上時，媽媽就在身邊等候。

「媽媽！」每當他這麼一呼叫，媽媽就馬上出現，讓他感到非常安心，他又可以立刻回到他原先熱切的事情上。

在幼稚園，如果你瞥見孩子自己一個人在玩，你千萬不要覺得不安。能自然順應孤獨的一個孩子，就他心境成長的豐富面而言，有時是非常必要的。

一定要有競爭心理嗎？

◆獨生子常被提及的弱點就是「不懂競爭」。換個別的說法，也可以說是「不懂比較」。

但是真的有必要那麼「競爭」嗎？今天是非常競爭的社會。不管喜歡或不喜歡，每個人都在較量。所以，競爭似乎是免不了的。

有其他兄弟姊妹的家庭，常常在互相比較的環境下長大。哥哥和弟弟比，姊姊和妹妹比。有時這些比較還很無情，甚至使雙方處於敵對關係。

不管領域一不一樣，都要互別苗頭。兄弟姊妹都學鋼琴，年齡不一樣，也可以拿得獎名次或是進度來比較。參加游泳訓練，速度、花式種類也可以比。姊姊學芭蕾、妹妹學傳統舞蹈也可以比。上學校唸書以後更是變本加厲地比。彼此心目中的理想學校要比，現在讀哪個學校也要比。

當然競爭是必要的，不願服輸也是人類向上提升的動力。

但是過度競爭只會造成心理壓力。

我們的周圍處於經常性的競爭中。在學校有同儕間的競爭壓力。進入社會，從薪水到公司大小、頭銜高低都要比一比。不只是這樣。身高、外表、唱KTV的歌藝如何，也都在品頭論足的選項裡。

所以家人的相處中，算是比較不用去跟外人較勁、較無煙硝味的寬闊世界。

獨生子從容自在的個性或許不是很能適應競爭社會裡的勾心鬥角，但是也因為無欲，所以他沒有壓力的優點反倒彌足珍貴。

當所有的人卯足勁在會議中廝殺時，難道適時提議大家來杯咖啡和緩一下氣氛的那個人，不是現今社會裡美妙的存在嗎？

「請製造一個不需要競爭的家庭環境。」而獨生子就是很自然獲得這種恩賜的存在個體。

◆獨生子很容易成為「旁觀者」

成人社會是個講求妥協斡旋的社會。如果你不懂得尊重別人，那麼你就只好隨時置身於永無寧日的鬥爭和爭端中。

然而孩子的世界卻與此相反。孩子的世界大部分是自我主張的社會。

現在想一起玩沙子，就跟其他的孩子一起玩；想要一個人獨佔沙坑，他會自己挑時間找機會去實行，那是孩子的社會，跟他人一點關係也沒有。

乍看之下，這樣的獨生子非常自我中心、任性，他蠻橫地要求沙坑裡的其他孩子一定要服從他的決定。可是通常他敢這樣橫行霸道，一定是因為他的父母就在身旁不遠處。

大部分的獨生子意外的都是遊戲的旁觀者，他跟其他的孩子玩不來。

獨生子女之所以任性，全是因為周邊大人禮讓寵壞的結果。所以獨生子不知道怎麼融入社會，也不知道該怎樣去結識朋友。

當孩子想獨佔沙坑時，父母親應該趁機教導孩子遊戲規則。

「你只要說『我可以加入嗎？』就可以了。」

在公園裡，媽媽常常幫孩子出聲：「他可以跟你們一起玩嗎？」其實更好的方式是，讓孩子自己提出同樣的禮貌性詢問。

體。

「喂，你自己跟他們說，你想加入一起玩。」

孩子遵守遊戲規則，自己提出加入的請求，這時，孩子正在學習怎麼進入社交團體。

結束遊戲的當下，禮節也非常重要。

「我不玩了。」「我要走了。」光講這樣的話，這種結束是個不圓融的結束。應該說：「再見，明天再來跟你們玩噢。」這樣的離別語，讓明天與他人的玩樂不再是突兀的開始，而是漸漸的熟悉。

如果孩子要離開那個突然加入的團體、回到父母親的身邊，話別不應該只是父母間的禮貌寒暄，如果只是讓父母親們來做，孩子跟孩子之間的友誼並未建立。

當孩子還小時，就要訓練孩子不要成為旁觀者，上了小學以後，孩子就可以大大方方地進入團體生活。

◆就獨生子而言，沙坑裡的其他小孩是怪物

獨生子一個不能忽視的特質是，在去沙坑玩耍以前，他沒有跟其他孩子一起玩的經驗。

這裡說的真正玩耍是指，獨生子被帶到家裡附近的公園去，爸媽放手讓他跟其他的孩子玩。

獨生子的玩伴通常都是大人。帶去公園以前，孩子幾乎就只跟大人接觸。因此，當孩子第一次被丟到沙坑中玩時，獨生子會被那些跟自己一樣的「小生物」嚇一跳。

而且，他還發現這些小生物竟然跟自己一樣擁有相同的道具、玩相同的遊戲。當他戰戰兢兢地靠近時，竟然馬上有人會不客氣地警告他「不行！」

會被別人厲聲說「不行！」大概就是從沙坑玩樂這個時刻開始。這跟被媽媽罵是截然不同的恐怖經驗。

當然，獨生子面對這麼艱難的處境一定是放聲大哭。

不管是因為氣憤，還是因為無法為所欲為，總之他會大哭，可是仍得不到他要

的。獨生子第一次被粗暴地告知「不行！」此時他也同時感覺，那些跟他一樣的小生物，是可怕的。

當然父母不能任由孩子在沙坑裡搞破壞。而是教導孩子漸漸去認識、習慣「朋友的存在」。

孩子能否跟其他孩子一起玩耍，取決於父母的教養方式。

◆獨生子很多是「大器晚成」

獨生子的特質是凡事有「自己的步調」。

就某種意義而言這是當然的。因為家裡沒有任何人可以打亂他的步調。

不管是玩玩具、看電視或是打電動的順序，沒有人會跟他爭。他可以自由選定什麼時候做什麼事、看什麼節目。他不用排隊或等待。

他不用像其他小朋友上有作威作福的哥哥，必須等哥哥不在家才輪得到打電動；也不用像底下有弟弟的小朋友那樣，被一再告誡：「你是哥哥，你就讓弟弟一點。」

凡事照自己的步調，究竟是好還是不好呢？

大學教授裡不難找到凡事依自己步調生活的類型。他們沒什麼時間概念，只管埋首在研究裡。有的人甚至忙到廢寢忘食的地步。究竟是因為沒有社會屬性才當學者，還是因為當了學者才缺乏社會屬性，這因果關係究竟孰先孰後還很難定奪。

明治時代，當日本面臨與蘇俄開戰（日俄戰爭）的存亡之際，據說有研究學者因為鎮日埋首研究室而毫不知情。

話題似乎有點扯遠了，讓我們回到主題。獨生子凡事依自己步調的特質，卻是將來成就大事業的關鍵因素。因為他的步調不亂，所以他可以專心致志。

為了不受到身邊朋友、同事的誘惑，在家裡父母可以提醒他「你就照自己的步調」，通常獨生子可以無怨無悔地走自己選擇的路。或許成功要花上更多的時間也說不定，但是終究會有結果出來，他們屬於大器晚成型。

這裡很重要的一個態度是，不要讓孩子被趨勢牽著鼻子走，也不要因為短期內看不到成就而焦慮。

「○○，你是不是要考某某高中？」

「△△，你是不是想當醫生？」

對凡事慢條斯理的兒子偶爾講點刺激勉勵的話，他是很能接受的。就獨生子而言，你拿他跟同學或同樣年紀的人比，他不會太反感。

但是真要比較的話，話題人物最好舉的是「事業有成」的人。譬如爆紅的網路新貴、成功的實業家、或是社會上有影響力的人等等，就是非常好的比較實例。

為了詳盡的引導孩子，父母親有必要研讀這些人的少年事蹟。

很多獨生子女都是大器晚成的類型。請相信孩子，路遙知馬力。

◆第 2 章

育兒之樂樂無窮

◆養育孩子，也是父母的再教育

所謂教養孩子，換一個角度來看，也是在「教育父母」。父母經過千辛萬苦養育孩子的過程，也讓父母自己成為更完整的一個人。

一位偶像女歌手說道：「我是成為母親之後，才真正地感覺到與父母親那一代、甚至是與祖父母那一代有了關連。」

我認為，在養育孩子的過程中會加深與家族的親密關係。

或許平常大家並沒有注意到，其實從孩子身上，父母親也學到很多事。

如果父母親的臉上有著悲悽的神色，孩子的內心將會有陰霾。如果父母親的臉上一片祥和，孩子的臉上也將是無限光輝。

孩子常常被告知：「大人的事，小孩子不會懂的。」這裡所謂的「大人的事」，通常是指父母親的煩惱，或是關於人生的事。

可是這樣的講法並不正確。並不是孩子不懂大人的心事，而是，孩子懂，卻不知道如何去表達自己的感受。孩子光從父母親的表情就能直覺地研判父母親是不是有心事、或快不快樂。

孩子跟父母親同在一個屋簷下生活，如果父母親經常吵架，感情不和睦，或是因為經濟上的問題而常常拌嘴、大打出手，孩子其實是能敏感地察覺這些不幸的。

孩子無論如何都想讓父母親高興、或是讓父母親生氣蓬勃；他們或許是透過撒嬌，或是幫忙做家事等種種不同方式，來博取父母親的歡心。孩子真的是絞盡腦汁要安慰父母。

可是心事重重的父母大概沒有氣力注意到孩子的賣力演出。

當自己有了孩子，也成了孩子的父母，人才真正得到某些成長。

一樣守護著孩子，何時該靠近、何時該放手，取捨之間，父母應學習站在別人的立場去瞭解孩子的需要。

孩子真的讓我們大人懂得很多事。養育孩子的時間很短，請珍愛這段失去就不會復返的時光。

◆禮儀要從小培養

「究竟要怎樣培養孩子的禮儀？」常常有父母問我這樣的問題。答案很簡單。只要父母親試著以身作則、遵守禮儀，就可以培養出非常有教養的孩子。

早上醒來，請向孩子說：「早安。」吃飯時，請向孩子說：「請現在開始動筷子。」「好美味的晚餐，我們一起來謝謝媽媽（或爸爸）。」父母親愉悅的聲調，會讓孩子更來勁。

嬰幼兒的禮儀培養，更是簡單。因為孩子懵懂無知，他只會拼命模仿父母親。像是吃飯時，爸爸可以要求小孩特別注意拿筷子的姿勢。

或許媽媽會覺得「孩子這麼小又不懂，你幹嘛這麼要求？」其實正因為孩子這麼小，所以才有教育孩子的價值。

若等到孩子升上小學高年級，就算孩子拿筷子的姿勢很難看，要改掉習之已久的壞習慣，就真的是強人所難了。因為這時候才要矯正一個壞習慣，是要相當時日跟力氣的。

就孩子而言，這種教導也是很無趣的。「為什麼一定要那樣拿筷子呢？我明明這樣拿筷子很順手的。」這是孩子的抗議。

「你聽我的話，這樣拿比較好看。」這樣的勸說，孩子根本不領情。因為就孩子而言，他現在才不管雅不雅觀呢，只要筷子能扒飯吃就好。筷子拿得不好，出社會會讓旁人看笑話的說法，很難說服一個唸國小高年級的孩子。因為他無法感受，他不懂何以拿筷子方式不對，會跟受人訕笑有關。

諺語中有所謂的「江山易改，本性難移」、「打鐵趁熱」。

父母與其要費力地去解釋如何才合乎禮儀，不如早早讓孩子養成好習慣。

因為有很多禮儀是不能用道理去解釋，也沒什麼理由的。

比如說，「為什麼一定要逢人就打招呼？」如果一個高中生拿這問題考你，不管你怎麼說明，他都無法被說服。

剛剛那位媽媽說「孩子這麼小又不懂，你幹嘛這麼要求？」的類似想法，其實是很嚴重的錯誤。正是因為當孩子很小的時候，「爸媽是他完全的仿傚對象」，所以父母更要言教不如身教。

「喂，你看看爸爸和媽媽是怎麼拿筷子的。」

「哇！好棒噢，你學得好棒！」

請從拿筷子訓練孩子的禮儀。在三歲以前儘可能教好孩子。因為這時期的孩子吸收力特別好，就好像在沙地上潑水，怎樣都吸收得很快，是非常好的教養期。要期待學校來教育，有點太遲。

◆孩子的品格和人格都是父母造成的

如果禮儀的訓練一直持續著，但孩子的問題仍層出不窮時，我想父母親和學校都該負起責任。

學校是求知識和學習團體行動的地方，而家庭卻是鑄造孩子人格的所在。

只要跟孩子談談話，就能瞭解這孩子的家庭環境。

有的父子簡直是一個模子印出來的。聽他們談話，你將發現他們相似的程度令人驚訝。再跟他說說話，你會發現儘管父子的體態不是很相似，但是他們的說話方式和癖好卻又十分相同。更確切地說，父子的品格和人格很類似。

事實上，吃飯的方式也會造就品格。用餐時不要將手肘推出、咀嚼時不要發出聲音，這都是非常基本的要求。

有一家公司的主管帶著他屬意接棒的年輕職員，去參加一場別人招待的飯局。紅燒魚上桌了，年輕職員完完整整地剔除了魚骨頭，並文雅地吃著。「哇！吃魚吃得像貓一樣乾淨！」連招待的人都驚異地讚不絕口。

年輕人回答道：「因為我經常看我父親吃魚，自然而然地就記住該怎樣吃魚。」連吃西餐，他也吃得一絲不苟。

從吃飯看做事態度。這位年輕人受到主管相當的重視，之後他更幸運地受到社長的提拔。

除了品格的陶冶外，遣詞用字也一樣會受到父母的影響。如果你希望孩子說話得體，那麼自己也要注意平常說話的用字。如果父母親常講髒話，孩子可能也是「狗嘴裡吐不出象牙」。

孩子的言行拷貝自父母。

該怎樣培育孩子的人格是父母親的責任。不隨便丟紙屑、與人往來不要走偏鋒等，在孩子的成長過程中，與其要孩子瞭解社會規則，父母親還不如教導孩子該遵守哪些禮儀。

◆是父母離不開孩子，不是孩子離不開父母

不只是獨生子女的父母，所有的父母親最不能不注意的是「孩子離巢」的問題。

最近有一個流行語「NEET」（Not in Education, Employment or Training），指的是一群不上學、不工作，也不願接受任何職業訓練的寄居族。這話源自英國，可是在職業訓練這一社會制度並不發達的日本，年輕人究竟有沒有接受職業訓練，感覺上不像英國年輕人那樣深刻，因為在日本有一批「孝子孝女」把不事生產的孩子庇護得好好的。

日本每一年這樣的寄居族數量不斷地在增加，再加上少子高齡化的趨勢，總數達

五十萬（甚至有人估計是八十萬）的寄居族是很嚴重的社會問題。人口不斷減少加上勞動人口的日益低下，日本國力已面臨存亡之秋的說法並非杞人憂天。

為什麼寄居族愈來愈多？我認為那是因為離不開父母的孩子，以各種形式依賴著父母。

「孩子得離開父母，父母得放開孩子」是很大的考驗。雙方都要有一定的認知。離不開孩子的父母跟離不開父母的孩子，與其說是不能分離的存在，還不如說根本是父母親離不開孩子。只要父母親堅決地要孩子出外自立，孩子就自然地能夠捨棄對父母的依賴。父母親的態度決定這一切。

孩子離開父母是趨近於本能的。父母離開孩子卻是違逆本能的行為，父母親若沒有讓孩子自立的覺悟，就很難割捨對孩子的照顧本性。父母親總想把孩子留置在他們的身邊。

青春期的孩子很自然地會離開父母，跟朋友有私自的秘密。有一段時期，會嫌棄父母、拂逆父母、離開父母，這是非常自然的事，而且也是接近本能的作法。

想盡辦法要阻止這情況發生的是父母，而且大部分是母親會這樣做。

有時候媽媽會假借買衣服給孩子、或給孩子零用錢等方法來吸引孩子對自己的關心。甚至有些時候，媽媽還會以被害者的姿態出現，說出：「你爸爸光忙他的工作，只有你瞭解媽媽。」諸如此類的話。

孩子也深知媽媽的心理。「媽媽是很囉唆。但是因為她會給我錢花，所以我只好跟她好好地守在一起。」

結果孩子變成寄生一族，也樂得生活在媽媽的庇蔭下。

離開孩子、離開父母不是解不開的結，只要父母堅決放開孩子，孩子一定離得開父母。

◆兒子要上大學了——父親的「獨立宣言」！

以下是一位五十歲男人毅然辭掉工作的故事。

原本在一家大企業上班的他，向公司提出提早退休的申請，果真如願辭去工作。

正巧同時，他的獨生子考上大學。房子的貸款還剩一點，獨子上私立大學的學費也要打理。

冷靜思考的話，或許這父親應該再工作五年，等兒子大學畢業再提出退休申請也不遲。

但是他仍決定要退休。

退休後的他打算幹嘛呢？男人總有想完成的事要做。因為興趣使然，他想開一家經營古董買賣的雜貨店。

家人當然反對，可是聽說他跟獨子說了以下的宣言。

「從今天開始，『爸爸』畢業了。」

他的意思是，即日起他不再扮演父親的角色，而是一個男人，他想做他自己想做的事。

「不要擔心你的學費。我會負責照顧你到大學畢業為止。經濟上不會讓你捉襟見肘。」他額外地加上這些保證。

最後他又感性告白：「爸爸從學生時代開始就想經營生意，但是因為沒有成功的自信，所以選擇比較安全的上班族路線。但是經過二十年，五十歲的我，現在想在這古董店的買賣上奮力一搏。」

平常一到放假日，中午之後就只會一直盯著電視看的爸爸，今後竟然要追尋自己的夢想，他的兒子也感到非常詫異。

這對一個剛考進大學，將來到底要幹什麼都一無所知的兒子而言，父親的決心讓同是男人的孩子受到莫大的刺激。

或許這是特殊的例子也說不定。但是，兒子一進大學後，父親卻同時抽離父親的角色扮演，這故事看來還是滿有意思的。

◆爸爸，請陪孩子去附近的理髮廳理髮！

父親跟兒子兩個人的重疊空間，到後來說不定只剩在理髮廳的共處時間。

做爸爸的也許心想，「太花時間了，還不如各自理髮較方便。」可是我的建議是，儘可能父子一起去理頭髮，就算讓孩子多等一下也無所謂。

只要理髮師排得出預約的時間，請父親和兒子一起去理個頭髮。

我認識的朋友中，有人從孩子上幼稚園開始就父子連袂上理髮廳。朋友是這家理髮廳近三十年的老主顧。理髮廳老闆的兒子長大後也是個稱職的理髮師，所以朋友有時也讓這位第二代的掌門人理髮。

朋友稱呼第一代的理髮師為「老闆」，剛接手的第二代理髮師就叫他「店長」。頭髮斑白、幾乎禿頭的朋友讓老闆來理髮，而朋友的獨生子就讓染了一頭金髮、打扮時髦前衛的店長來理。

儘管老闆對店長的某些作法有點微辭，但是上了年紀的老闆看起來還是滿高興的，至少衣缽有人繼承。

我不清楚這個兒子跟爸爸究竟每年要一起上幾次理髮廳，只是習慣一直延續。老闆對這對父子的一切都很瞭解。像老主顧的家鄉在哪裡、個人有什麼興趣、兒子上高中後進了棒球隊、大學聯考考砸了一次……等等，老闆都如數家珍。

每當我這個朋友跟獨子有觀念衝突時，他會跟理髮廳老闆發發牢騷；反過來老闆也會就「要不要孩子繼承這家理髮廳」的事情向朋友徵詢意見。

偶爾，老闆也會請這個老顧客一起吃個串燒或是章魚燒。

很多媽媽會帶兒子上美容院理髮，我建議儘可能讓爸爸執行這件事——帶兒子上理髮廳去剪頭髮。父親和兒子，再加上理髮廳店員的對話，這是滿難得的經驗。

◆別開車了，試著走走路吧

汽車這個交通工具剝奪了親子之間的親密時刻。

這是發生在一個家庭裡的故事。家中的獨生子上小學以後就開始學英語，不是去補習班學英語，而是去跟外國人聊天的那種英語會話學校。

從家裡到英語會話學校的距離，大人走路的話要二十分鐘，小孩子用走的要花三十分鐘。

在下雨天或下雪天，媽媽帶獨生子撐傘、穿長靴走路去。媽媽沒有駕駛執照。

在往返的一個鐘頭裡，母子兩人可以無所不談。舉凡學校的事、音樂、電視節目、好笑的事，這位媽媽都溫柔地牽著孩子的手，慢慢地走，仔細地聽。

孩子上課的時間裡，媽媽去買買東西，或上咖啡廳坐坐，她也挺享受單獨一個人的快樂時光。

有人稱這種慢步走的速度才是「人的速度」。開車或搭電車的速度因為太快，對路邊或是街上風景的小小變化，根本無從發現。

如果是走路的話，因為視線是自由的，路邊初綻的小小野花、新開的一家精巧小店，都是驚奇的新發現。

何況，親子一邊走一邊聊，既愉悅又可以因為有較長的交談時間而瞭解孩子許多事。

你可以問兒子，「有沒有喜歡的女孩子？」孩子可能也會告訴你他想參加運動會中競走的項目。如果是開車的話，你絕對沒什麼心思探問。但是走路不一樣，緩慢地走可以偶爾彼此四目相接、可以多點時間聊天、也可以拉拉手。

如果是上補習班，孩子或許是跟朋友一起去也說不定；但是學英語或是鋼琴，自己去的機會比較多，這時陪伴孩子的可能是媽媽。

開車去或許是比較節省時間，但是一個星期一次或兩次用走路的去，更是非常快樂的相處時光。更何況，媽媽如果運動不足，還可以趁這個機會做做運動呢！

◆貴族小學的入學甄選竟然是「集體遊戲」

聽說有一家貴族小學的入學甄選方式，是觀察孩子在「集體遊戲」中的表現。這家貴族小學遠近馳名，很多家長都擠破頭想把孩子送進去。而評比的方式是，讓許多老師根據孩子一整天在學校裡玩集體遊戲時的樣子，由老師推選自己心目中認為表現佳的孩子，得票率高的孩子就算「合格」。

這樣的遴選方式，既不跟孩子的父母接觸，也不看書面資料。小學的入學考試給孩子再多試題讓他練習，遴選出來的效果也是差強人意。

至於為什麼用這樣的方式甄選，用意應該是學校重視孩子的人際關係。學校生活最重視的是集體行動這一環。

或許有人會以為，學校要求的是孩子的「合群性」，但也不全然是這樣。做事情依自己的步調做，也不是很壞的個性。能夠單獨自己玩的孩子也沒問題。問題出在那些否定他人行為，或者總是袖手旁觀、不肯伸出援手的孩子。

所謂集體行動指的不是要所有人都往同一個方向去。怎麼判斷當時狀況的能力也是很必要的。當所有的人都被要求非聽從不可時，能不能依從指示也是一種能力考驗。

然而集體行動也只是一時的，之後就可以自由活動了。集體行動不會因此抹殺每個孩子的個性。一個孩子如果絲毫不願意照顧別人，那麼這樣的孩子可能也是一點挫折都不能忍受的孩子。

我認為對獨生子的教養，最需要強調的是孩子的忍耐力。不是請求孩子「別這樣」，而是命令孩子「現在不准這樣」。

忙碌中的媽媽傾向於苦口婆心地要孩子聽話、「別這樣」，但是這是錯誤的教養，請明確地告訴孩子「現在是要忍耐的時候。」讓孩子知道某些時候是需要妥協的。

這跟孩子能不能體諒人有關。孩子在團體生活中要能左右逢源，一定要懂得去體恤別人的感受。群體生活中儘量不做出干擾別人行為的孩子，一定是個體恤他人的孩子，當然可以獲得好評，考進貴族小學。

◆先生們！請好好誇讚在家帶孩子的太太吧！

「圓嘟嘟的，看起來很有活力耶！」

「妳把孩子帶得很好呢！」

「妳胃口蠻好的嘛！」

「妳真像個孩子，笑得這麼開心。」

請先生誇讚在家照顧孩子的太太。

「到底我有沒有把孩子帶好？」很多母親經常為這樣的問題感到不安。養育孩子的過程不曾受到任何稱讚，會讓母親感到十分有壓力。

先生若無其事的一句讚美，可以讓太太安心。

「父母親的辛勞，孩子不知道。」現實中，總要父母親都不在人世了，子女想報恩都太遲的時候，才知道「子欲養而親不待」的遺憾。

因此，還不如請先生多稱讚自己的太太比較實際。

「妳把孩子教得很好。剛剛理髮廳的老闆很稱讚我們的孩子呢！這都是妳的功勞。」請務必告訴辛苦的太太你對她的感謝。

我對家中的爺爺和奶奶也有話要奉勸。你們稱讚十句孫子的話後，請不要忘記也讚美一句你們的媳婦。

只要一句話，就可以讓媳婦的辛勞為之煙消雲散。

近來屢見不鮮的虐童事件，不只是因為父母跟孩子的相處出了問題，更多原因是父母討厭自己的親生骨肉，到後來想放棄孩子，這是父母親本身的問題。類似的情形，如果周圍的人能多體諒一下母親的辛勞，或許很多事情是可以解決的。

母親的角色是無可取代的，但是她的辛苦是可以被理解的。

◆現代育兒所欠缺的——時間、空間、朋友

最近十分引人注目的一個話題是體育家庭教師的存在。一般而言，家教老師的目的是幫孩子教導學校課業、以提升課業成績為主要導向。

現在讓人感到詫異的是出現了體育家教老師。而且指導的不是將來以當運動選手

為目的的對象，只是一般的學童罷了。

現在的孩子除了學習能力低落以外，另一個嚴重的問題是體力的日趨低下。由於汽車取代了一切步行的機會，孩子四體不勤以外，也很少有出外玩耍的機會。這些因素使得體育家教老師從而產生。

現在的孩子缺乏以下三種東西：

1.時間：上一大堆補習班，沒時間玩。

2.空間：都市裡的空地都讓給了車道和高樓大廈，缺少嬉戲的空間。

3.朋友：因為少子化的影響，少了同世代的朋友。

其中，最嚴重的問題是沒有一起玩的朋友。對獨生子而言，玩伴是最具意義的存在。

有個獨生子每一年都很盼望新年的來到，因為滿心期待可以跟表哥玩。可是表哥上國中後，因為課業太繁重，漸漸也不跟他玩了。

而獨生子除了學校的同學朋友外，結識其他玩耍的朋友也是很重要的。

獨生子之所以需要學校以外的朋友，重點在於他偶爾想跟「不知道自己的事」的同伴在一起。正因為這樣，我想父親是獨生子很好的玩伴。

因為不知道自己的事，孩子可以保有自己的秘密，並且掩飾自己。

學校發生的事他可以侃侃而談，像「我們學校就有這種規定哩」、「我碰到這麼有趣的老師」。他可以把現實發生的事，加油添醋地炫耀一番。偶爾，孩子喜歡類似這樣的主導權，也喜歡扮演主角的感覺。

有時媽媽不見得能全盤掌握孩子的心思，爸爸就成了孩子很好的聽眾。

如果爸爸從媽媽那裡聽到某些事情的大概，為了進一步明白事情的真相，爸爸可以佯裝不知情，跟孩子慢慢套出事情真相，直接引導孩子說出話來。

「是嗎?真的有這麼有趣的老師?」

「爸爸你一點都不知道嘛。」

這樣一來，孩子會很高興地把學校的事說出來。

育兒的過程中，母親的比重非常大。但是就獨生子而言，父親的存在也是不可欠缺的。

並不是要爸爸做什麼艱難的付出，平常一起玩玩，聽孩子講講話，這就很足夠了。

畫一畫卡通裡的英雄，或是玩樂高，幫孩子組裝手槍或是劍，這就是很好的親子遊戲。特別是男孩子很喜歡玩戰爭的幻想遊戲，假裝自己是個英雄。女孩子則喜歡模仿媽媽。

媽媽的確比較不懂男孩子。相較之下，父親比較知道怎樣跟男孩子相處。

◆讓附近的鄰居熟悉孩子的臉

「日本孩童的臉是世界上最可愛的，那對眼睛比什麼都要燦爛。而且日本的大人對孩童也都疼愛的，經常抱著或揹著孩子在鄰里四處走走，鄰居也很愛逗弄孩子。沒有一個國家的孩子像日本的孩童那樣過著幸福的日子。」

這是過去外國人描述在日本看到的景象。過去的日本，孩子不屬於家庭，而是屬於地方社會的。不管是自己的孩子或是別人的孩子都一樣重要，同住一地的父母共同養育身邊的所有小孩。

但是最近讓日本國民感到最憂心的無疑是「治安」的問題。日本一直以水質的清澈和安全傲視全球。過去日本的治安，靠的是地域防守。孩子因為所有大人的嚴密守護，而能安全無虞地長大成人。

事實上，即使是今天，孩子還是有可能和附近的大人熟稔。

讓鄰近的大人熟悉孩子的臉是一個很好的做法。請儘可能帶孩子去附近的商家走動走動。

像買食品的話，可以不去大型的販賣店買，而是到住家附近的水果店、肉舖和鮮魚舖買。

「這個小娃娃，跟著媽媽一起出來買東西，很好耶。」

「媽媽是個美女，真好呢。」

寒暄幾次過後，自然就會愈來愈有感情。附近鄰居也會牢牢地記住孩子的模樣。等熟一點了，就算孩子一個人走在路上，認識的大人一定會打招呼問道：

「〇〇，你要去哪裡呀？」

「我去找伯伯。」

「這位伯伯是你的親戚嗎？」

甚至孩子如果搭乘陌生人的車離開，鄰居也會很有警覺地幫忙抄下車子的號碼。為了減少孩子被拐騙的風險，鄰里之間多佈下一些眼線，這是很好的安全佈署。

現在很多孩子從小就上私立小學，因為是私立的，當然跟住家都有一段距離。汽車載送是免不了的。就算你讓孩子隨身攜帶哨子或是手機，也千萬不要忘了鄰居間守望相助的好處。儘可能讓周圍的人熟悉孩子的臉。星期天或放假日，帶孩子上街買買東西、閒話家常一下，這都是應該要做到的。

◆瞭解孩子感到「不好意思」的心情

隨著長大，孩子漸漸有自我意識。

自我往往跟羞恥心結合在一起。而羞恥心又緊密地跟隨著想考上好學校、想變成有錢人這樣的進取心連在一起。

父母親是最先開始察覺孩子羞恥心的人。

集所有人期盼於一身的獨生子，最容易有羞恥心。

電視上曾經報導過，一個高中生因為不小心讓十幾歲的女朋友懷孕，而親手殺掉剛出生不久的骨肉的駭人事件。

高中生的殺嬰動機，據說是因為不想讓自己的父母感到悲傷。正因為不想讓父母知道自己的蠢事，所以犯下滔天大錯。

另外，為何校園暴力事件層出不窮，父母親和老師卻都被蒙在鼓裡？真正的原因在於，施暴的一方跟受虐的一方都極力隱瞞事實。

虐待弱小的人，其實自己也知道不對，卻因為羞愧而不願讓父母或師長知道。

在父母親面前，被同學欺負的兒童扮演的是完全開朗的角色。在老師面前，又是一個品德兼優的學生。被害者靠著演技，所以感覺遲鈍一點的父母根本察覺不出孩子的變化。

我們發現很多孩子的父母跟師長在孩子出事後，仍然是一付「完全不知道」的模樣，這很正常。孩子就是有辦法掩蓋事實，讓身邊的人一點都沒有察覺異樣。

這是因為孩子的羞恥心，讓一切事實沒有浮出檯面。

特別是青春期的孩子，這種傾向更是強烈。請父母試著想想過去自己的青春時代，我們不也事事都想瞞著父母嗎？那麼，怎麼辦才好？

或許可以試著從聊天中，開誠佈公地讓孩子知道父母親也有丟臉的事，孩子或許會願意打開心扉，把隱密在內心深處的事情告訴父母。

「媽媽小時候呢，有一次在路上撿到一千圓，正當我拿著撿到的錢準備買糖果吃時，被你的外婆撞見。外婆質問我哪來的錢，我隨便扯個謊，沒有說出事實。外婆就直截了當地告訴我，她非常不喜歡不誠實的孩子，她的話讓我非常非常地難過。」

「我告訴父母親我去補習班上課，結果卻跑到鬧區去瞎逛，因為補習班的老師打電話詢問我父母，所以事跡敗露。我甚至不敢告訴父母我把補習費拿去打電動的事。」

請讓孩子知道，每個人都有不想讓別人知道的私事。

重要的是，不要因為太想要隱瞞某些深覺可恥的事，而掉入內心的黑暗裡，變成一個心胸狹隘的人。

以前的日本人很喜歡的一句話是：「不要以為你做的事沒人知道，上天看著哩。」也請告訴孩子「舉頭三尺有神明」的類似道理。

◆責罵孩子前，請製造一個不讓孩子有犯錯機會的環境

這是發生在某一家幼稚園的事。雖然這家幼稚園的教學方針是儘可能不要責罵孩子，可是看見孩子在走廊上奔跑，或是做出一些危險動作時，老師們還是不得不厲聲制止「不行喔。」

因為老師一時心急，難免語氣上比較激烈，有的孩子會嚇得發抖。畢竟要阻嚇孩子犯錯，語氣上當然溫柔不了。

但是怎樣孩子才不會挨罵呢？在找不到解決方法的情況下，我想，唯有減低孩子被罵的情況發生才是好辦法。只要不發生會讓人緊張的事，孩子就不會挨罵。

例如，怕孩子在走廊上奔跑摔傷，不如就鋪上地毯；在門和牆壁上加上橡皮襯墊，這樣萬一孩子不小心撞上也不致於會受傷。這些防範措施讓走廊成為一個沒有危險的空間。

幼稚園內的玻璃窗也都免去不用，這樣即使碰撞上也不致於造成太大傷害。只要是容易讓孩子受傷的物品都淘汰不用。

用餐時不要讓孩子穿太好的衣服，這樣即便衣服髒了也比較沒關係。

以下這些事情是在家也做得到的。從孩子開始會東碰西翻開始，他碰得到的高度以內都不要放置危險物品。如果你怕孩子亂塗鴉，可以在牆壁或冰箱上貼上報紙或白色圖畫紙，方便孩子的創作。

只要有這樣的環境，孩子可以大膽地玩，也不用勞動父母老師不時的厲聲嚇阻。

孩子總在挨罵中長大。但如果沒做錯事，成長的過程中挨罵是能省掉的。

◆厲聲制止前，父母可以努力的事

吃飯中，五歲的男孩故意把筷子丟在地上。

「不可以這樣。請把筷子撿起來。」

孩子仍然不服從命令。

「你的態度這麼差，這頓飯你就別吃了。」氣得七竅生煙的父母或許說起話有點歇斯底里也說不定。

身為孩子的母親，因為孩子的頑劣不堪而非常憤怒，語氣上顯得有點嚴厲。重要的是，孩子雖然才五歲，可是他內心也知道他做了不該做的事。

明明知道把筷子丟在地上是很不應該的行為，為什麼孩子還是要做？一定有他的理由。孩子的父母務必費心思索原因。

「為什麼要丟筷子？」

你要的只是一個答案。孩子的表現通常很直接，但不像大人可以講清楚。

你想知道理由，卻不見得有回應。有的孩子是無法表達他的理由，有的孩子甚至沒有任何理由，無緣無故地就只想這麼做。

「你不喜歡吃壽司？」

「你在幼稚園有沒有發生什麼事？」

媽媽一定要引導孩子將內心的話講出來。媽媽可以和孩子共同想想事情何以發生。孩子或許會有鬆了口氣的感覺。

「我討厭吃魚。」

「在幼稚園偉偉搶我的筷子……」

這是分享內心世界的開始。

「原來是發生這樣的事，所以你才把筷子丟在地上嗎？」

這次，孩子就會乖順地把筷子從地上撿起來。

禮儀很重要。但是，要孩子遵守禮儀以前，請好好地思考一下，「為什麼有些事情非遵守不可，理由呢？」媽媽要充份地分析讓孩子知道，這樣孩子與父母間可以建立信賴的關係。「發生什麼事了？」這句適時的關切話語，是養兒育女的金玉良言。

警告孩子以前、動怒以前，請先詢問孩子：「發生什麼事了？」

◆孩子也有驕傲和自尊心

三歲大的小男孩到公園玩，一起玩的孩子搶走他的玩具。玩具被搶走的小男孩開始嚎啕大哭。

一旁看顧孩子的媽媽，看到發生的事情，馬上過來解圍。

「不可以搶別人的玩具，這玩具是○○的。」

經媽媽這麼提醒，孩子只是把玩具還給對方，卻不肯說對不起。

孩子雖然小，但他也知道把別人弄哭是不對的事，他可以想像自己做錯了什麼。但是有的孩子把別人弄哭後，自己也嚇哭了。

大人也是，有時候明明自己錯得很離譜，卻連一聲抱歉都不願意說。

同樣的，孩子也有自己的自尊心。父母應該以同理心看待孩子。

「你知道你這樣做不對吧？○○很想玩這個玩具呢。要不要跟他說聲對不起？媽媽陪你一起去跟他說對不起，好不好？」

孩子終於願意道歉。

還有另外一個故事。

同樣是玩具爭奪戰中，輸的一方哭了。搶贏玩具男孩的媽媽發現事態嚴重，厲聲命令自己的孩子跟對方道歉：「去說對不起。」

但是，孩子堅持不肯。

碰巧捲入這件紛爭的另一位媽媽說道：「他是幫我家女兒要回她的玩具。」

原來，這個小男孩只是行俠仗義，幫另一個女孩子搶回她失去的玩具，所以原兇才哭了。

我目睹整個事件的發生，發現要孩子說對不起很難，而且「道歉」是相當重要的一種學習。要道歉，首先得承認自己的過錯，同時也否定了自己的自尊。讓對方哭了的男孩，因為不認為自己做錯事，所以堅持不道歉。

「為什麼不道歉？」

問孩子這句話，媽媽要的只是一句回答。可是，不是只有大人才有自尊，也請同時顧及孩子的自尊。

◆「緊緊地擁抱」是媽媽享有的特權

有一位媽媽因為六歲的孩子欺負家中飼養的貓，而憂心忡忡地跑來找我諮商。仔細聽完她的敘述，我才知道，原來她看到孩子一從學校下課回到家，就頑皮地追著貓跑。儘管她厲聲阻止他「不要再追了」，孩子依然不知悔改，繼續惡意作弄。

媽媽為孩子欺負動物的惡劣行徑十分苦惱。

我給這位媽媽的建議是，緊緊地擁抱這個孩子。

「為什麼要虐待貓咪呢？今天在學校，有發生什麼事嗎？」

「沒有啊。」

接下來，媽媽應該這樣做。

「你過來媽媽這裡一下。」

然後要緊緊地摟抱著兒子。如果你要抱的是上了國中的兒子，可能他會有點反抗，不過六歲的小男孩應該還滿願意的。然後媽媽開始詢問：

「你發生什麼事啦？」

「媽媽，是學校的事。」

慢慢地，兒子就會把他在學校的事講出來。

但有時父母就算想聽孩子講講話，孩子卻不見得願意開口。

有可能是孩子原本想像個孩子那樣撒撒嬌，卻發現媽媽一付非常忙碌的樣子，只好按捺住自己的情緒。

特別是在職場奮鬥的職業婦女，最常發生這種情形。孩子不肯上床睡覺，原本是打算等媽媽回家有話要跟媽媽講的，可是看到媽媽一臉疲憊的樣子，只好將想說的話吞回肚裡。這是職業婦女不能不注意的。

這時候，一個緊緊的摟抱就是媽媽對孩子很好的暗示。

「讓我們來聊一聊吧。」

孩子現在就可以跟媽媽談一談了。但是某些時候，孩子甚至只是想要一個擁抱，他不見得要跟媽媽講什麼事。

請看著孩子的眼睛擁抱孩子。只有媽媽才有這個特權摟抱孩子。請好好感受身為人母摟抱著孩子時，從懷中傳遞而來的喜悅。

聽說後來那孩子不再去虐待貓咪了。

◆千萬不要拿其他的孩子跟他做比較

父母親很容易對孩子抱持不必要的期待。特別是有些父母非常在意孩子的考試分數和成績。一旦孩子到了國小高年級階段，學業成績似乎成了父母心中最關心的事。

而住在同大樓裡同年級的孩子或是鄰近的朋友，往往成了父母拿來品頭論足、比較的對象。

「考試考得怎樣了？」

從孩子考完試後一句話都不吭的樣子看來，媽媽大概心裡就有點譜，知道孩子考得不怎樣。

「那偉偉考得怎樣？」

「不知道。」

「偉偉有上補習班補習，他一定考得很好。」

「我說過我不知道！」

「我看你也去補習好了，不然老是考輸他。」

我猜這個媽媽原本是想用話來激勵自己的孩子用功唸書，沒想到卻得到反效果。

或許孩子一開始還在猶豫要不要去補習班上課，被這樣一比較，孩子打定主意一定不去。他也不認為去補習就絕對考得贏偉偉。

若媽媽想要鼓舞孩子認真唸書，千萬別拿孩子做比較。

試試另一種說法。

「考試考得怎樣？」兒子沉默不語。

「考得不理想嗎？你覺得自己夠用功嗎？」

「我想我的程度就是這樣而已。」

「像你說的，你知道你自己的程度在哪裡。你滿意自己的成績嗎？」

「還好啦，怎麼了？」

「那，下次考好一點。」

「當然囉。」

「要不要去補習？也許會增加一點實力。」

「好啊，偉偉他上補習班以後，分數提高滿多的。」

很多孩子對自己的成績有客觀的認知。特別是高年級的孩子，大多清楚瞭解自己的狀況。

高年級的男生喜歡自己探索答案。至於要不要上補習班，他也有自己的主見。去補習班以後，萬一中途想半途而廢時，父母可能要孩子考慮清楚，「因為當初是你自己決定的，所以應該要堅持到最後。」

如果真的一定要比較，那請跟「昨日的自己」比。不要動不動就拿孩子跟別的小孩比較。

◆最讓孩子感到悲哀的是父母親並不瞭解自己

全班只有一個少年怎樣都沒辦法爬上鐵杆。

這個男孩對媽媽說：

「這次要考爬鐵杆。」

「有練習過嗎？」

「在學校有練習，可是還是不會哩。」

「媽媽體育一向最厲害，你是我兒子，怎麼可能太差？你到底有沒有認真做？」

這是最不應該說的話。

這樣的話聽在孩子心裡，孩子很可能壓抑住內心的羞恥感。這次是爬鐵杆有困難，下次等課業有困難時，孩子因為怕再次遭到媽媽無情的比較，很可能不願再告訴媽媽自己的困境。

孩子希望的只是父母瞭解他。

「說到爬鐵杆，媽媽以前也是非常地拼命才爬得上去呢。」

「是嗎？媽媽也是要很拼命嗎？」

「我們去公園練習吧。請爸爸教你訣竅，一定很快就學好了。什麼時候要測試呢？」

「下星期一。」

「好，那我們跟爸爸組成一個爬杆的特別訓練隊。既然是特訓隊，就不要讓其他朋友知道比較好。我們去奶奶家附近的那個公園練習。如果學會了，晚上我們就去吃燒肉。」

這樣的親子對談是不是比較好。要讓孩子有動力去完成一件事。這裡媽媽很棒的一個目標設定是，「做到了，我們就去吃燒肉」。

實際上，如果透過這次練習，孩子真的就會爬鐵杆的話，孩子也會建立自信，並知道只要努力，沒有做不到的事。

孩子的成長中，自信是很重要的。

請父母注意讓孩子掌握聊天時的主導權。

◆與其頻頻高喊「小心」，還不如牽孩子的手走路

前面我提過，有一家幼稚園想盡辦法要降低園內的危險。唯有在沒有危險的環境下，才不用隨時注意孩子的安危。

但是現實生活中的道路卻處處充滿危機。尤其在交通流量大的道路上，因為險象環生，不論跟孩子走在哪裡，都不得不要隨時高喊「不行！小心！」

在走起來不免心驚肉跳的路上，我要奉勸媽媽們，牽著孩子的手走路吧。

「從現在開始，媽媽要牽著你的手走路。」

講完這句話，請媽媽伸手去牽孩子。這樣危險沒了，還能自由自在地漫步。

有時牽手，有時放手。在這些反覆動作中，可以讓孩子知道哪個區域是危險的、

哪個區域是安全在的。

所以當媽媽放開孩子的小手時，就不會再頻頻地喊「注意！」真的覺得危險時，媽媽這時就說：「來，讓我牽著你的手。」

如果孩子不喜歡跟媽媽手牽手，可以跟孩子玩勾手指的遊戲。「這次我們小指頭勾小指頭，下次換無名指勾無名指。」

光靠媽媽的手，就可以敦促孩子注意，不須再厲聲高喊或責備，真可以稱為「魔術的手」。

◆第 3 章

獨生子的父母請注意！

◆父母和孩子分離的必要

剛開始養育孩子的媽媽，當然希望隨時待在孩子身邊照顧孩子。而父母親隨時陪伴在側，被認為是父母的義務和親情表現。但是自然界裡，媽媽並不會一直都守著孩子，像鳥和哺乳動物為了確保食物的來源無缺，就非離開巢穴不可。或許這段期間孩子會遭到敵人的意外侵襲也說不定，但是這就是自然界的嚴峻考驗。

分離，是養育孩子非常重要的行為，對孩子、對父母都是好事。如果母親被要求一直守著孩子，那母親會因為沒有自己的時間，或不能做自己想做的事而感到焦躁，結果勢必影響到孩子，最壞的狀況是，媽媽罹患育兒神經衰弱。

媽媽沒必要一直守在孩子身邊，在育兒過程裡，偶爾讓媽媽有一點喘息和抽離的時間，這是非常必要的。

母親不在身邊，或許會讓孩子感到不安。但是當母親回到身邊時的喜悅和快樂，卻是深刻的體會。孩子也會因為經歷了母親不在身邊時的思念，而強化了母親存在時的意義。所以當媽媽回到孩子身邊時，請給孩子一個緊緊的摟抱。並且用眼睛看著孩子的眼睛，用心傾聽孩子要跟你說什麼。

在育兒的過程中，親子一直黏在一起並不好，可以分開一下子再回到孩子身邊。在分離、相聚的反覆中，孩子也會一點一點地得到成長。

◆看「無法松的一生」瞭解「父親」的角色

「無法松的一生」是日本電影史及演劇史上的名作。

名演員阪東妻三郎，擔任所謂「阪妻」的角色。而演員田村高廣、田村正和、田村亮等人飾演的父親角色，也讓人回味再三。看過電影的人或許不多，但是「無法松的一生」卻是一部描述養兒育女的經典電影。片中細膩地描寫出養兒育女不可欠缺的要素。也就是父親的「角色」。這裡簡單地介紹一下劇情。

北九州小倉的拉車伕富島松五郎，因為行事作風粗暴，所以被戲稱為「壞蛋松五郎」。

在一次因緣際會下，「壞蛋松五郎」救了受傷的小孩（吉岡敏雄），之後便與吉岡家結下不解之緣。

吉岡的男主人因病突然去逝，留下年輕的未亡人和敏雄。而敏雄十分年幼，才剛上國小而已。

在丈夫的葬禮上，新寡的吉子以非常不安的口氣向「壞蛋松五郎」說道：「我這麼一個柔弱的婦道人家，怎樣才能扶養這孩子成為一個堅強的人？」之後，「壞蛋松五郎」總是有意無意地惦記關心著敏雄。但是溫和的敏雄跟粗暴的松五郎完全不親膩。

有一次市鎮舉行運動大會，松五郎對敏雄說：「如果少爺你來幫我大聲地喊加油，我就會贏。」說完話後，松五郎便去參加賽跑。看著松五郎拼命跑的模樣，一直非常害羞的敏雄不知不覺忘情地高聲為松五郎加油。果然，松五郎漂漂亮亮地贏得賽跑的比賽。經過這次事件，敏雄才跟松五郎成了莫逆之交。

再講片中的其中一幕。

高中生的敏雄也開始會跟朋友打架了。吉子很擔心他的叛逆，於是找松五郎談。松五郎卻為敏雄的成長感到喜悅。他要吉子不要擔心，還驚異地說：「沒想到少爺也會打架啦！」不過松五郎還是撥空去看了一下敏雄。

哪曉得松五郎到學校後，看到的是打得火熱的雙方人馬，而一路挨揍的敏雄正要落跑。

「少爺，你幹嘛要逃走？你不能逃走啊！」松五郎厲聲阻止敏雄的懦弱行徑。

「少爺，你看我的！」松五郎自告奮勇地加入打群架。

電影的後半段是令人動容的故事。有機會請讀者一定要觀看這部片。

敏雄是「獨生子」，獨力撫養孩子長大的吉子把女人的不安一一道盡，而片中松五郎的角色無疑刻劃了「父親」這一必要角色的扮演。像松五郎帶年幼的敏雄去海水浴場玩。配合節日的需要，他會跟敏雄玩抓鬼的遊戲和放風箏。而每每造訪吉岡家，他做的不過是仿照一般父親會做的事。實際上，父親這一角色在日常的家庭中彷彿不存在，但是在必要的時候卻又不可欠缺。這可從松五郎這個角色中得到應驗。

俗話勸道：「為人丈夫的要精神百倍地在家看守」。我想這道理不應該只局限於做先生的，而該擴及到「父親要精神百倍地在家看守，萬一有重要的事就要你做呢。」

◆別讓孩子成為「錄影機孩子」——請不要光拍攝自己的孩子

幼稚園和學校的行事曆中往往有才藝表演大會和運動會，對父母親而言是觀賞自己孩子成長的好機會。

會場上盡是爸爸和媽媽為了拍攝孩子精采鏡頭而擺出來的錄影機、相機陣仗。有些場合連叔叔伯伯都出動了，一時之間，鏡頭的數目甚至要比孩子的人數多。有的主辦單位還費心地騰出空間充當攝影棚來因應這熱鬧的場面。

而從這龐大的錄影鏡頭中，可以觀察到今天養兒育女的一個現實面。

所有的鏡頭焦點都在自己的孩子身上。正因為關注的焦點只在自己的孩子身上，彷彿自己的孩子好就好了，這便是普天下父母心態。在一群人當中只關切自己孩子的思維模式，讓人感覺某種喧囂中的孤獨。

然而，溫情且健全的社會，照理是鄰里互相往來、彼此幫助，從耆老高齡者到襁褓中的嬰兒都受到重視的社會。

以前舉辦運動會，如果鄰居的小虎有幸參加，那也成了巷弄裡的大事。知道的人無不奔相走告，紛紛拿出自己的照相機為小虎和班上拍下令人回憶的照片。如果家裡有拿手好菜，也不忘彼此交換品嚐一番。這在今天已是奢侈的夢想。

而今天，只剩老人留居下來的村落，以及都市中心的住宅街、還有那些只有孩子的郊區，人與人之間不再交流，市鎮已成寂寞的市鎮。

如果孩子上的又是私立小學，那麼跟地方上的交流就更形貧乏了。

這種窄化的人際關係反應在父母拿著錄影機只知道拍攝自己的孩子。追逐鏡頭的結果，連孩子表演什麼、孩子唱什麼歌、參加什麼競技都搞不清楚。其實替朋友加油、歡呼支援、鼓掌叫好，都是很好的感情交流。

運動場散會時，父親們各自靜默地收拾著照相器材的場面是很冷清而寂寞的。

不管哪個孩子都是社會的寶藏。奉勸那些手裡拿著錄影機的父母，應該儘量擴大視野，捕捉更多孩子之間閃亮動人的畫面。況且這樣一來，拍攝畫面的手法會更熟練，而捕捉到的鏡頭也會張張精采。

◆孩子會說些無傷大雅的謊

獨生子女的父母怎樣都沒想到自己的孩子竟然會說謊。因為父母自認已經把孩子照顧得無微不至，孩子照理說不會有什麼不滿，也沒理由說謊。

所以，當有一天突然知道孩子說謊時，那驚訝是非同小可的。

「我在幼稚園一個朋友都沒有，經常都只有自己一個人玩。」

有位母親聽到孩子這麼說，趕緊打電話到幼稚園問個究竟。

可是幼稚園老師卻回覆道：

「不會啊，他一直都跟朋友玩得很好呀。」

「但是兒子說，今天都沒人陪他，他只跟自己玩。」

「我猜，孩子可能為了要吸引媽媽的注意而撒謊。」

「你的意思是說，我的孩子會說謊！」媽媽顯得驚慌。

孩子偶爾會講一些無傷大雅的謊話。面對這種情況，父母親有必要沉著冷靜，儘量先不要責備孩子。

或許就像老師說的，他只是想吸引媽媽的注意，或是還有其他的理由也說不定。但是，孩子就愛講些無傷大雅的謊。

母親通常都傾向於百分之百相信自己孩子的話。願意相信孩子是很自然的事，但是不能過度相信孩子。

連包著尿布的小嬰孩有時也會開父母親的玩笑。明明都已經大便了，還自顧自地玩，儘管媽媽一再詢問是不是大便了，孩子依然搖頭堅稱沒事。就連不會講話的嬰兒都會說謊，等孩子會開口講話後，更是偶爾就會講一兩個謊話。

有時說謊不過是為了掩飾什麼，或只是為了逃避。孩子本來就會說謊。如果你發現孩子又在動歪腦筋講謊話時，何不也輕鬆地跟孩子開個玩笑？

與其責備孩子說謊，不如深究孩子說謊的動機，這點更重要。

◆獨生子行為模式會像媽媽

很多獨生子是媽媽的翻版。態度上會有點女性化，思考也會比較像女性。

很多獨生子平日最常接觸的就是媽媽或是祖母，他們幾乎在女性的社會裡成長。今天是兩性平等的時代，這是值得高興的。雖然社會上已經沒有性別差異了，但是，還是要區別女性和男性的不同。

這裡並不是主張要有差別待遇。而是知道彼此的差異，並且相互尊重。

歐洲許多名門世家依然秉持過去的傳統，教育年輕的男孩子成為彬彬有禮的紳士，訓練女孩子成為端莊的淑女，然後讓孩子進入社交圈，男性穿晚禮服，女性則一襲白紗，攜手合跳社交舞。

這是邁向大人的里程碑。在這種正式的晚會上，男性可以對具好感的女性求愛。男性和女性彼此都認定對方的存在，我覺得是很好的交誼活動。

美國社會裡，或許不會有「女孩子應該如何如何」的想法。我個人認為，只要行為是合乎「人」的正常規範，那就不用太在乎「女性」、「不女性」。

然而，我比較重視的是「要有男孩子樣」這一詞應該用在獨生子身上。

「要有男孩子樣」這一句話，不該由爸爸來說，而該從媽媽嘴裡說出，我認為獨生子更要像個「男孩子」那樣有擔當。我想那不是個人價值觀的問題，而是使命感的問題。我在第四章會有充分的解釋。

◆最瞭解獨生子的依然是男性親屬

養育獨生子的過程，如果常常看不到父親的身影，實在是一件遺憾的事。明明獨生子是個男孩，做爸爸卻老是缺席、因故不參加活動，我感到非常不可思議。

獨生女的情況就很不一樣了。因為跟媽媽同性別，反倒更親近。

就像獨生女跟母親會更契合一樣，父親對獨生子也是相同重要的存在。可惜的是，幾乎家庭的主導權都握在母親手上。

「孩子的事當然我最清楚，因為每天都是我跟他在一起嘛。你頂多偶爾陪他玩玩球罷了。」有些媽媽會用這句話來抱怨自己的先生。

養兒育女寶貴的不在時間的長短。父親和母親誰負的責任多，也不能光以時間的長短來判斷。

剛剛那句話可以做個修正，「孩子的事，不要因為我是他的母親就以為我最瞭解。其實，只因為我是他的母親，所以有些事我比較知道。」

這樣說，可以適切地提醒爸爸也要花點心思在孩子身上。畢竟媽媽理解的，是屬於媽媽領域範圍內的。而母親所具備的，就是「溫和」。

而父親也有父親特屬的領域範圍。那就是「嚴謹」的一面。父親似乎代表比較可怕、難以親近的存在。

我希望爸爸們在孩子的成長過程中不要缺席。我也要拜託媽媽們儘可能在孩子的面前多褒獎先生。特別是只有母子兩人的場合裡。

「你爸爸讀書可是很認真的。」

「今天晚上爸爸為了我們家，還辛苦加班呢。」

「爸爸以前是棒球隊的，你沒看爸爸接球很厲害嗎？」

媽媽的這些話，很自然地在孩子心目中塑造出一幅偉大且可親的形象。

父親的責任是「嚴謹」，請將父性深植家庭中。這對獨生子而言是很重要的。請父親們自己也不要忘了那樣的父性。

◆教育獨生子成為「紳士」

剛剛舉了歐美的例子。請教育獨生子成為一個善待女性的紳士。身為男性要懂得體恤女性。

請教育孩子，讓他將來有女朋友後，也能自然地去支持對方，而不是表面上「女士優先」而已，是真真切切地打從心底尊重女性，疼惜女性。

日本的傳統是嚴謹地要求女孩要注意禮儀。可是國外，特別是歐洲，卻嚴謹地要求男孩的風範。以下的故事以前我曾寫過，但因為印象實在是太深刻了，請容我再次介紹。

這是某一次我接受來自澳地利名門世家邀宴的經歷。

這個家庭只有一個獨生子。晚餐時他安靜地坐在我旁邊。

一等父親介紹完料理，他隨即起身為大家一一倒酒。然後大家開始乾杯。

等乾杯結束，大家開始用餐時，他的工作還在持續中。

只要有人酒杯一空，他立刻為客人倒酒，並負責上菜。酒瓶空了，他就遞上一瓶新酒給父親。

整頓飯吃下來，身為客人的我們一點都不覺得疏離，賓客盡歡。

這孩子是完全的紳士，好得連我都想把他帶回家。

他是一個十三歲的中學生，正是叛逆性很強的年歲。

反觀日本的家庭，男孩子總窩在自己的房間打電動，只有在吃晚飯時才難得的露個臉。

以下是我想對爸爸們說的話。

如果只有一個獨生子，請爸爸跟孩子務必抽出時間幫媽媽的忙。

另外，在獨生子的家庭中，很容易發生的現象是凡事以獨生子為考量中心，做什麼事都以獨生子為優先。我的建議是，試著某些事不以孩子為優先，比如說：上速食餐廳，先讓媽媽選擇食物；如果電車上有空位，優先讓媽媽坐。

因為有充裕的時間，所以父母可以好好教養獨生子成為一個體貼女性的紳士。

◆乖巧的孩子就是好孩子嗎？

每次我問年輕的媽媽：「妳希望教出怎樣一個孩子？」回答常常是：「一個乖巧的孩子。」這答案幾乎快成為父母心目中的標準答案了。

對於這些媽媽們的答案我感到很困惑。為什麼呢？原因在於我無法為所謂的「乖巧」塑造出一個具體的形象。

所謂「乖巧的孩子」，究竟是怎樣的一個孩子呢？

「很聽父母的話。」

「有自己的想法，且遵循想法去做的孩子。」

或許這就是人們心目中所謂的乖巧。但是，很聽父母的話就是好孩子嗎？或者，有自己的想法，並且遵循想法去做，就算好孩子嗎？

我想父母要的孩子，更精確地說，是個「正直」的孩子。

這樣的孩子有自己的想法，並正直地去行動。

父母希望孩子乖巧，言下之意，其實無非要孩子對父母的意見言聽計從。

候。

但是每個孩子都有自己的個性。當孩子的自我在形成時，偶爾總會有反抗的時乖巧的獨生子就表象看來，不過是在父母面前扮演順服的「好孩子」而已。

獨生子的媽媽很容易掉入的一個陷阱是，一種類似「希望聽到別人稱讚自己的孩子是好孩子的症候群」。

我想這也是因為這樣的媽媽也希望別人說她「是個好媽媽」的緣故。我的看法應該不會太偏頗吧。

◆經常動怒的媽媽，就是因為太照顧孩子了

比起那些經常發脾氣的父母，和顏悅色的父母更能讓孩子感到安心。

有些媽媽經常生氣。仔細觀察這些媽媽們生氣的理由，都是因為她們「照顧得太過份了」。

前陣子我在電影院看到一對母子之間的互動。小男孩大概是剛上幼稚園的年齡，

身邊的媽媽一再地交待他有的沒的。

「這裡是電影院，要安靜。」

「小心，吃東西不要弄髒衣服。」

「你要看左右邊，別撞到人。」

但是，實際上在電影院裡，這小男孩既沒弄出聲音、也沒有吃東西、更沒撞到人。

值得注意的卻是，整個電影院最吵的人就是這位媽媽。

我希望媽媽們能多少信賴自己的孩子。孩子一進到電影院，大約都能感受到那樣的肅靜氣氛，通常不會過份地無理取鬧。

或許小孩會不小心弄髒衣服，但是這是很正常的事，犯不著大驚小怪的。衣服弄髒並不會惹人說閒話。

孩子再怎麼小心翼翼地走，也許還是不免撞到別人。只要不要動作太唐突就好。

確實，規規矩矩、安安穩穩的孩子是父母理想中的孩子。但是如果花太多心思在規正孩子的行為，導致過度責怪孩子，這樣也不好吧。

「衣服髒了，洗洗就好。」帶著輕鬆的心態去面對偶發的意外，會不會好一點呢？

◆被自然環境打得落花流水的現代孩子

旅遊達人清水國明先生已經有許多雜誌紛紛介紹過了。清水先生現在主持「自然樂校」，以戶外男人的姿態活躍日本。

清水先生說現在的孩子們生活在快活舒服的空調系統中，完全沒有「熱」和「冷」的感覺。

聽說都市的孩子被帶到清水先生主持的自然體驗學校，很多人會不自主地起雞皮疙瘩。究竟為什麼，孩子自己也說不出原因。

一般家庭設定的空調恆溫在二十度左右，而往返學校的車子或交通車、學校教室都有很好的空調設備。有的孩子甚至不知道什麼叫起雞皮疙瘩。

我覺得現在的孩子似乎被保護過度，幾乎像溫室裡的花朵那樣被呵護。為了追求安全和舒適，孩子的活動範圍被室內化了。換句話說，孩子被女性化。

因為被女性化，男性的存在理由變得薄弱。為了避免誤會，我要特別聲明，這裡的「女性化」一詞，絲毫沒有貶抑的意思。

過去男人為了食物出外狩獵，女人則守護家中、照顧孩子。但是現在的時代，男人不用再外出奔波討食。男人可以待在家裡，沒有出外的必要。

男性化的要素已然變得不重要，擁有野性的強悍也不是訴求。結果，成了頭腦簡單、四肢不發達的男子。這或許說明了為何現代人缺乏自然癒合的能力。

我覺得應該考慮到內外的均衡。連起雞皮疙瘩都不曾體驗過的孩子，實在是太怪異了。針對上面這一點，我認為爸爸們要好好地加油了。因為獨生子是男孩子。教導獨生子怎樣英勇，我認為是爸爸不可推卸的責任。

◆父母親不要拿孩子的朋友做比較

前面提過，獨生子因為沒有其他兄弟可以做比較，父母親不自覺地就愛拿其他認識的孩子秤斤論兩地較量。

「你跟某某比起來，實在是……」

請問這樣的對白，爸爸媽媽講過沒？萬一講過，請千萬不要再講了。問題的最主要癥結在於，講這種話無法解決任何問題。就算是對大人品頭論足，也不能改變現實上的差異。

「你動作比小明慢太多了。」

「跟小華比起來，你的報告寫得實在是太亂了。」

這話聽起來也夠讓當事人洩氣的了。動作慢或是字寫得潦不潦草，孩子自己心知肚明。可是如果換個方式講：「請早一點開始寫功課吧。」「寫報告時，字請寫得工整一點。」我想孩子會很快接受你的建議。但是，如果父母拿孩子跟其他孩子做比較，說「你跟某某比起來……」，孩子可能會出現強烈的反抗心。不管是誰，都不喜歡被別人拿來做比較。

還有一些父母是愛子心切，把孩子的朋友當競爭對手，處處都想藉他們激勵自己的孩子。

「你可不要輸給小明喔。」

「這種題目，小華一下就做出來了。」

孩子或許會很不平衡地叫嚷：「我又不是小明！」、「我是我，小華是小華啊！」

孩子說的沒錯。小華是小華，我是我。觀念正確。

換成孩子這樣說你，你也會覺得不是滋味吧。

「小華的媽媽做飯很好吃，媽媽做飯太難吃了，所以我吃不下。」

聽起來很令人沮喪，不是嗎？孩子也一樣。

要比較或是拿誰當對手，應該都是以孩子自己當目標。

「班上的小華數學一下就做出來了。我不能輸他太多，我也要努力趕上。」

把自己設定為比較的目標、或是必須超越的假想敵，這都是很好的激勵。

拿孩子跟別人做比較，會成了威脅（父母不這麼認為，可是孩子卻受到壓力），應該儘量避免。

◆不是想有就有——培養孩子忍耐的功夫

相較之下，只生養一個孩子的家庭，經濟上會顯得比較寬裕。但是如果順任孩子的欲望，要什麼有什麼，那以後會是個很大的麻煩。

如果你是那種怕孩子吵鬧不休，很容易就答應孩子買一些不需要的東西的父母，那孩子的胃口就會被養大，成為嬌縱的孩子。這跟愛孩子無關。嬌寵孩子只是讓孩子在成長的過程中，處處亮黃燈罷了。當孩子吵著想做什麼時，是培養孩子耐心的最好機會。

但是，如果孩子執意要買東西時，父母應該怎樣處理？

有其他兄弟姊妹的孩子，或許父母拒絕購買的理由是：「哥哥也沒有買啊！」但如果是獨生子的情況，父母不能拿上述的理由來擋。或許可以拿一個期限、或是條件跟孩子談談看。

「等上高中再給你買手機。」

「成績進步，我就給你買個人電腦。」

就算不給孩子買東西，至少，讓孩子擁有主導權。

讓孩子學習等待是很重要的教養方式。學習等待也是新的教育風潮。如果你讓孩子要什麼有什麼，他很容易就會對唾手可得的物品感到厭倦。

清水國明說道：「辛苦得到的才會有喜悅。」

清水先生曾在嚴寒的阿拉斯加戶外搭帳篷。許多日本觀光客則在鄰近的舒適旅館享受渡假。

有觀光客感到非常奇怪，跑來問清水先生：「幹嘛老遠跑來阿拉斯加搭帳篷？」

因為在酷寒的野外搭帳篷，夜裡才看得到滿天的星空，才能不預期地看到流星。甚至可以聽到遠處的狼嚎和享受奇特的極光。

因為忍受著某種刻骨銘心的考驗，才能體驗別人沒有的經驗。

一點一點存下錢買來的腳踏車，會比有人給你一筆錢買高級房車來得更快樂。

為了讓孩子有豐富的體認，請讓孩子有機會品嚐「好不容易到手」的喜悅。

◆培養獨生子的「金錢觀」

獨生子在其他孩子眼裡看來是滿有錢的。

這是因為，一個獨生子可以有四個老人家疼。爺爺看孫子可愛，一給就是五千圓（日圓），奶奶聽了也給個五千。外公外婆也不落人後地給了一個大數字，再加上爸爸媽媽給的，獨生子得到的錢往往十分多。一般而言，父母對獨生子總是厚愛有加。但是如果是同時有幾個孫子，金額可能就不像只給一個孩子那樣大方，而會縮水。

因為這樣的關係，獨生子的確是錢多多。也因為來得太容易，所以獨生子沒什麼金錢概念，也不懂得感激。既然不懂得儲蓄，獨生子花起錢買東西也是很大方，一雙很喜歡的鞋子，乾脆再買一雙同款式的。

如果從小養成浪費的習慣，長大後也不會有什麼金錢概念。隨意揮霍的結果，就是入不敷出。只要有錯誤的金錢觀，就算孩子坐擁金山銀山，一樣會吃喝殆盡。

另外，如果孩子有令人覬覦的錢可以花，或者孩子用買西送人來換取友誼的話，那圍繞在孩子身邊的朋友可能都只是酒肉朋友，沒有人是真心的。這對孩子的成長並非是正面的。物以類聚的效應下，到後來說不定全是些狐群狗黨，只為吃喝玩樂才混在一塊。

其實可以將爺爺奶奶給的零用錢以孩子的名義存下來，這是父母該做的事。

「這筆錢可以存下來當作你旅行時的基金。」

「這是準備你上高中時用的學費。」

可以把這些存錢計畫告訴孩子。

偶爾父母可以拿出存款簿給孩子看看。「你看，已經存這麼多錢了。」「這銀行有你的存款資料喔。」孩子應該會很高興。

即使是一點點零用錢也要把它存下來，好好管理，久了，就成了一筆大數字。

這是很好的財富管理概念。

一般而言，孩子的零用錢他們都不會花掉。想買文具或是本子的話都會拜託媽媽付錢。至於鞋子衣服等開銷，也全都由父母買單。

接下來我有一項很重要的提案。請粗略地計算一下孩子的一切花費總數，包括零用錢、文具、書本、衣服等等。然後在月初時，一次就把所有的款項交給孩子保管運用。這個方法我以前就曾提出來過，很多讀者都覺得「很有趣」。

也就是通常一個月給孩子一千圓零用錢的，開始一個月給孩子五千圓。五千圓對孩子而言，可能是個天大的夢幻數字。孩子以為五千圓足夠他買各種東西。

就算孩子要把這一筆錢花個精光也無所謂。有個準則是，孩子的鞋子即使破到開花，媽媽也千萬不要為他購買。無論如何，要孩子從五千圓的預算中提撥出來。

父母和孩子到超市買內衣褲，有品牌的價格會比較高，孩子看到三件才三百圓，質料樣式又不錯的，兩相比較之下，他們會挑物美價廉的。

所有孩子想買的東西都得從這五千圓裡頭拿出來用。至於要買奢侈品，比方說名牌運動鞋，孩子就可能要自己想辦法存錢。這是培育良好的金錢管理方法。

美國的孩子從小就得靠打工賺錢，學習有計畫地使用金錢的方法，甚至很早就懂得股票的概念。現今日本的經濟相對疲弱，也許是日本的孩子從小沒有好的金錢觀所致。因為我不是這方面的專家，我也不敢武斷地下評語。

讓獨生子從小懂得理財和擁有正確的金錢觀念，這是父母親的責任。

◆己所不欲勿施於人

很多獨生子的父母拼命要孩子上英文課、上體操教室、上鋼琴課、上游泳課。

「孩子太多就供應不起了，不過我們只有這一個孩子嘛。」

意思是說，經濟上還算供應得起。

但是面對這麼多的才藝課要上，孩子高興嗎？孩子去掉上課時的交通往返時間，再加上事後的練習，幾乎沒有時間玩樂。日復一日過著相同的日子。

我認為就算有錢也不一定要全花在補習上，這不是對的花錢方式。最糟的結果是，孩子視補習為畏途。

或許父母親拼命讓孩子學這個學那個的，只是補償自己小時候未能完成夢想的缺憾。如果是這樣的心態，可就傷腦筋了。父母親把夢想建築在孩子身上，對孩子是個負擔。

「男孩子會彈鋼琴，多有氣質。」

因為那樣的理由，所以讓孩子學鋼琴。

「會講英語，是媽媽的夢想。」

當然會講英語是很好的，但是如果趕鴨子上架，孩子會學得很苦。父母親不妨先找出孩子有興趣的項目，從有興趣的開始。

有一個家庭一直是足球賽的忠實球迷。每每有轉播，一定闔家觀賞，為自己的足球明星高聲加油。當然孩子也興高采烈地為自己國家的足球隊齊聲吶喊。

有一天，孩子突然說：「我想當足球選手。」

在認真尋找下，得知街上有一少年足球的訓練隊伍。父母趕緊為他辦好報名手續。

多方面的興趣接觸後，孩子終於找到自己喜歡的事物。

「不行，踢什麼足球。打棒球比踢足球要賺得多，還是打棒球吧。」父母親千萬別出這樣的餿主意。

◆為什麼父母親也要懂得「投資」自己

從懷孕以後，媽媽因為要餵母乳，所以媽媽懂得攝取營養、注意健康，希望有安靜平和的時間。

媽媽不健康，孩子也會不健康。媽媽神經質，孩子也會神經質。

所以從媽媽懷有孩子開始，媽媽就開始「投資」自己的健康。

其實孩子長大後，像這樣的「投資」也是必要的。

母親自己如果無法從其他地方得到快樂時，就會試著從孩子的身上尋求快樂。結果孩子變得被過度保護。就像光吃糖果的孩子會蛀牙一樣，受到過度保護的孩子，變得沒有自主性，也離不開母親，即使已經長大成人了，精神上卻極端幼稚不成熟。

我身邊有很多這樣的例子。都三十歲了還離不開媽媽，也沒有固定工作。「有想從事的工作嗎？」當你問他這樣的問題時，他會毫不遲疑地回答：「我想當偶像明星。」這樣的男孩，很多都是因為母親的過度保護，失去人格形成的機會。

當孩子還小的時候，母親為了孩子的健康而願意在自己的身上投資。

當孩子長大一些後，我認為媽媽們仍然應該「投資」自己。這裡的投資，指的是媽媽要懂得讓自己的世界更豐富。如果經濟許可的話，可以從自己的嗜好開始。可以學英語或油畫。喜歡韓劇的媽媽可以去學韓語。拓展自己的世界，讓生命變得豐富。

孩子看到的是趣味盎然的母親，有著閃亮動人光彩的母親。

「我媽媽英語講得很好。」

「我媽媽的畫這次在上野參展呢。」

最最重要的是，讓孩子看到媽媽鍥而不捨、追求理想的熱情。這樣的家庭環境，想必可以給孩子非常好的刺激。

媽媽懂得利用自己的時間、擁有自己的興趣，對孩子的依賴就能減少。這樣自然孩子離得開父母，父母也離得開孩子，等孩子更大一點，他們就能理所當然的到社會上工作了。

同樣的道理也可以應用在爸爸身上。平常爸爸下班後在外面喝酒，偶爾打打高爾夫球調劑身心，過著典型的上班族生活。我奉勸爸爸們今後請看點書，「投資」一下自己。公司營運是否能一直順利下去，沒有人可以掛保證，但是自己要具備挑戰一切險阻的能力和資格。

如果爸爸比平常要早一點起床，聚精會神地在書桌前讀考證照的書，這身影對獨生子而言是很激勵的。不只是在學校時才用功看書，出社會後還孜孜不倦地讀書、吸收知識，對獨生子而言，這種家庭中濃郁的書香氣息是最好的知識刺激。

奉勸天下的爸爸媽媽，將錢投資在孩子身上時，請別忘了也投資自己。

◆向孩子宣佈老後的照料問題

父母親會想到自己老後的照顧問題。如果有其他的兄弟姊妹，或許擔子可以分散，但因為只有一個孩子，照顧父母的事就全落在「獨生子女」的身上。

但是現實也絕非如此。兄弟一多，父母該由誰照顧，總是惹來很多紛爭。

過去的傳統上，一般都由長子來承擔這個責任，但是埋怨也少不了。

如果自己是獨生子，那麼因為早有心理準備，所以覺悟得也早。

老年的照料問題，父母親應該直接讓孩子知道。

「我們年紀大了，就要靠你照顧我們了。」這是恰當的教育。而一句若無其事的「你要多多關心我們的事情。」也是很好的傳達。相信獨生子都會有自覺的。尤其是獨生子即將入門的新娘，大概也有結婚後要照顧公婆的認知。因為沒有別人可以代為照顧，所以獨生子有承擔的心理準備。

而有兄弟姊妹的人，大概這樣的認知不多，因為該由誰來照顧還有別的選擇，所以現在很多新嫁娘事先就會聲明「不跟公婆住」。

萬一獨生子不想親自照顧父母，那麼自己就要照顧好自己，健康開心地過每一天。

◆以「如果父母親都走了」的角度來思考怎樣教養孩子

獨生子總在父母無微不至的照顧下長大，甚至有時候照顧得太周到了。

對於獨生子的教養問題，特別要提醒父母的，我認為是「照顧過度」這一問題。

凡事過度，對孩子不會是正面的。有的父母事必躬親，什麼事都替孩子料理得妥妥當當，只會養成一個什麼都不會做的孩子。

而禮儀上要求得過份嚴苛的父母，最後會變成虐待。因此，重要的是保持適當的距離。

很多父母不知道要跟孩子保持距離。特別是媽媽。

為什麼要保持距離？有一句值得警醒的金玉良言是：「想一想，萬一自己走了……」

父母親會比孩子先走，這是很自然的事。而且，當孩子長大成人時，父母親也都老了。請想像一下那樣的情況，並立刻採取行動。

身為孩子的母親，在日常生活中為孩子所做的一切，哪些是不用自己親自動手的，請檢查一下。

每天在母親不厭其煩代勞的事中，有些應該讓孩子自己來。這些重複的日常工作可以磨鍊孩子的獨立心。當我們談到孩子的自立，指的似乎是什麼特別的訓練，其實也不過是平常的事而已。

自然界的生物，像鳥和哺乳動物都非得要學會覓食才能生存下去。父母親無論如何要教會孩子活下去的本領。這裡沒有妥協。如果父母妥協，只會引領孩子走上「死亡」的絕路。

在相撲的練習場地聽到為人父母的這樣一番話：「我們不是教育家。我們只知道如果要讓孩子在相撲界活下去，必要的時候，只好動手處罰。」

相撲練習場內的父母，為了孩子的將來，儘管不捨，仍然要孩子咬緊牙關接受訓練。這才是父母真正的愛。

父母應該嚴厲地教導孩子如何生存下去的力量。為了讓獨生子有競爭力，嚴苛要求也是父母一種愛的表現。

◆第 4 章

爸爸是獨生子的「模範」

◆父親的背影

這本書雖名為《獨生子怎麼教》，但是我的重點，好像在呼籲應該適當地把母親的職責比例降低。

這裡我並非稱讚這本「父母守則」的書有多好。前面幾章中，我已約略地提到父親角色的重要，而這一章我將再次把焦點對準父親的角色扮演。

對獨生子而言，平常最親近的男人，不外乎學校的男老師、補習班的男老師，或是足球課、游泳課的男教練。

這些男老師都只是把教書、授課當成工作的人，何況面對的學生那麼多，根本不可能呈現男人平常思考什麼、採取什麼行動等確切的一面。

最親近孩子、最能讓孩子熟悉男人這一存在事實的，還是孩子的爸爸。

跟父親這一角色最接近的人，還有親戚中的叔叔和伯伯，或是鄰家的大哥哥們，但是這些人不可能每天都出現在別人家裡吧。

畢竟，父親的重要性是無可取代的。

現今的孩子幾乎是全面的中性化。獨生子因為長時間跟母親膩在一起，難免在思考上或看法上變得女性化，且受到影響。

過去有一句「望著父親的背影長大」的話，是形容父親為了維持家庭生計，在大太陽下流著汗水辛勤工作的情景。看著父親工作背影長大的男孩子，學到了父親犧牲奉獻的精神。但是意義不只是這樣。

父親工作的背影傳遞給孩子的感覺，還有日常生活中做為一個男人所不能沒有的那份爽快。

一個父親要是經常抱怨公司的一切，或是對社會多有埋怨；或是經常發脾氣、有傢俱擋住路就一腳踢開；或是全家開車出遊時隨意把煙蒂彈出車外、蛇行或超車；如果孩子習慣看到的男人形象都是這樣，那麼自然地孩子的內心會誤以為，男人粗暴沒關係，沒耐性也沒關係，更沒必要注意行車禮儀。

父親不再是一種崇高的存在，而是那種動不動就發脾氣、容易隨著自己情緒起伏的男人

當你開車載著孩子出遠門，來到沒有號誌燈的路口，如果碰到孩童舉手示意你讓

路，請你慢慢停下車來。碰到老年人和女性也都應該禮讓他們先走。行人優先，因為這樣做也不過是耽誤幾秒鐘而已。

坐在駕駛座旁邊的獨生子看到父親對弱者（行人是弱者）的彬彬有禮和體貼，很自然地就會記在心裡了。他會知道，駕駛人應該對行人有一定的禮遇。

如果父親在駕駛上一直能謹遵該有的禮儀，想必這個父親對子女一定也非常溫和。孩子受到父親崇高行為潛移默化的影響，一定也能成為彬彬有禮的好青年。

◆怎樣安慰傷心的獨生子

上了國中的獨生子有一天戀愛了。

戀愛不免碰釘子。媽媽告訴下班回到家裡的先生這件事。

「他好像被班上一個他很喜歡的女孩拒絕了。」

「咦？沒想到他已經大到想談戀愛啦。」

接下來的星期日。爸爸爽快地對兒子吆喝道：「喂，要不要去釣魚？」

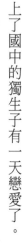

孩子或許還處於被拒絕的惡夢中，一付魂不守舍的樣子。被爸爸硬拉出門，騎上腳踏車到附近的河岸走走。

釣魚時，爸爸說道：

「有的女孩子很可愛。我以前也有喜歡的女孩子，卻老是遭到拒絕。」

「爸爸被拒絕了？」

「差不多是一勝九敗。」

「有這麼慘？」

「我開玩笑的，其實只要有一個人喜歡就好了。」

「我也認為是這樣。」

「但是就算失敗八次，還是有勝利的機會，不是嗎？」

「我懂了。」

或許是聽到爸爸「一勝九敗」的記錄吧，孩子頓時恢復了一點精神。

「媽媽，我的目標是六勝四敗。爸爸才勝利一次而已，一次而已耶。真不敢相信。」

媽媽對爸爸重複了孩子後來的話。

兒子的戀愛失敗了，爸爸不怕洩底地自揭瘡疤。或許還可以加上一付「男人真命苦」的表情呢。

以下的打氣話或許可以加上去。

「如果被女孩子拒絕就垂頭喪氣的，男人的價值真的就被打下去囉。」

◆對妻子好，顯示「男人溫柔的一面」

「媽媽看起來像大福（一種豆餡年糕）。」

「膨膨的啊。」

「不對，比較像棉花糖吧。」

「是白白嫩嫩的嗎？」

「也不對，我覺得像精密機械。」

「為什麼做這樣的比喻？」

這是某一星期天，一位爸爸和獨生子的對話。

「女人會生小孩，生小孩的痛，聽說是男人不能忍受的痛。就像背著沉甸甸的背包登富士山一樣辛苦耶，男人搞不好會因為受不了這樣的折騰而死掉呢。」

「嗯。」

「可是女人既像大福也像棉花糖，你不溫柔地對待，她就會碎掉。如果你對待她不像對待精密機械那樣用心，她就會壞掉。女人就是這樣的生物。」

「嗯。」

「媽媽是女人，所以也要好好地呵護她不可。這與其說是獨生子的義務，還不如說是做為一個男人的義務。」

「懂是懂，但是該怎麼做呢？」

「買東西時，如果東西很重，要幫媽媽提。還有絕對不要講出讓媽媽煩惱的話。」

這位父親所施行的就是紳士教育。男人的爽快崇高，可以從溫柔地對待女性中培養。當兒子進國中後，請告訴孩子這番道理。

◆露營是訓練男孩子英勇精神的好機會

露營時，會讓人忘記平常家裡提供的一切「便利」，生活的所有細節都靠自己想辦法克服。沒錯，就像魯賓遜漂流記的那種生活味道。

露營讓我們重新學習原始人那種就地取材、在物資極度缺乏下生存的本領。這是給獨生子最好的磨練機會。

「男人不可能一輩子都躲在舒服的被窩裡睡覺。萬一有地震等天災發生時，非得扛起照顧媽媽和女人的責任不可。必須熟悉怎樣生灶爐和起火之類的工作。」

首先要學會搭帳篷。如果靠近水源區，很重要的一點是，要提防河川水位暴增，帳篷被水淹浸的危險。搭好帳篷後，要準備吃飯。用石頭堆起灶爐，這要靠男人的腕力。將石頭巧妙地堆好後，要預留出風口，然後將撿來的樹枝、報紙等拿來取火。

如果火勢不對或是出風口不對，很快火就會滅了。燃燒不全的黑色煙霧，有時燻得周圍的人眼睛淚流不止、甚至刺痛。

起好火後接著用容器煮飯。平常都用自動計時電鍋煮飯的，現在全靠感覺猜測生米到底煮成飯沒。時間和火候的掌控上是件困難的事。

想要判斷飯是否已經煮熟，一種方式是用湯匙敲敲容器的聲音。到這裡爸爸大概已經筋疲力盡了。但是只要帶家人或是朋友去露營個二、三次，大概就會應付自如了。就算不爛熟也無所謂。有的爸爸這麼拼命卻還是對露營笨手笨腳，但還是非要有人做不可。

兒子在一旁看父親手忙腳亂的，或許會說「爸爸不行喔」。有的孩子乾脆自己動手。

露營的過程若能讓孩子瞭解到家事分工的可貴，也是難得的活動。

請務必教導獨生子學會使用刀子。很多父母一聽到要讓孩子使用刀子，總覺得可怕。但是只要好好教導並囑咐他要千萬小心，還是可以讓孩子試試看。

「這刀子能不能切蘿蔔？很利呢。」

好好地向孩子示範，孩子經過幾次試驗，就會自然而然地懂得該如何使用。當然，如果你在一旁觀察，卻發現孩子使用刀子的方式有危險的地方，就要馬上糾正。

非常時刻顯現父親的非常價值

◆假日的午後，父親總是一付無所事事的樣子。有的父親還有工作要忙，那就沒辦法了。可是有些父親不管你對他說什麼，他都有氣無力的。

「可以幫我吸塵嗎？」

「嗯。」

「窗戶上的網子破了，能幫我補一下嗎？」

「嗯。」

回答千篇一律都是這個調調，完全是懶人模樣。

何不試試另外一種做法。

非常時刻，當需要幫忙時，爸爸馬上捲起衣袖，使出渾身解數。

我聽過這樣一個家庭小插曲。

因為庭院的樹枝長到隔壁去了，某一家的女主人便跟鄰居的太太有了爭執。吵到後來幾乎快打起來了。因為吵架的聲音有點大，連客廳也聽得到，但男主人依然無動於衷。接著有男性的聲音混了進來，好像是鄰居太太的先生也加入爭論的行列。

男主人一看事態不妙，馬上從椅子上站起來。隨即走到庭院，向隔壁的男主人清楚地說道：「我想跟這位同是男性的鄰居聊一聊，請女士們暫時退出一下。」

雙方的太太都回到自己家去。這個男主人開始跟鄰居聊起來。

「工作上要處理滿多麻煩的，沒想到假日休息在家也要處理麻煩的事。上班族真命苦咧。」

這樣的真情告白減少了一點緊張氣氛。

「是啊，總是有各式各樣的麻煩。」

談話順利地結束了，兩家男主人還相約下次要到車站前的啤酒屋乾一杯。

男主人平常可以不出面，但是非常時刻若能幫上忙，價值無限。

獨生子的房間常常亂七八糟的，如果爸爸能俐落地收拾給孩子看，孩子會驚異地想：「爸爸好厲害喔！」

父親的喜怒哀樂

◆是誰規定「男兒有淚不輕彈」？

過去的日本歷史文學中，常常出現那種一有什麼事就哇哇大哭的多愁善感型男人。

大概是明治時代以後的近代軍隊，才刻意地宣傳「男人動不動就哭，不成體統」的刻板形象，並普及到一般大眾。我卻極力主張，男人想哭就哭吧！想笑就笑，想生氣就生氣吧！喜怒哀樂都形於色的父親，有一份特殊的親切感。能夠清楚表達喜怒哀樂的人，才有豐富的感受性。

有一位父親在電影院看電影，因為太感動而忍不住想落淚。但心想在眾人面前哭實在太難看，而強忍住要哭的衝動。因為壓抑得太厲害，結果呼吸變得困難，最後還發出很大的哽咽聲，弄得自己更不好意思。

就算發出不雅的哽咽聲，我認為也沒關係。我覺得看電影看到哭是很棒的感覺。釋放感情對身心有好的影響。

快樂的時候大笑。最好笑到連最裡面的牙齒都被看見。甚至開懷大笑到忘我，頭撞到後面的傢俱都無所謂。

女性和小孩喜歡感情明顯表露的人，因為裡外都可以被看見，就沒有裡外之分。有些人很陰沉，什麼事都埋在心裡，一點感情都不表露出來。陰險、心機重、神祕，這些感覺跟清高卓越相去甚遠。

請父親們在孩子面前清楚地表露自己的感情。

這樣一來，孩子也不用察顏觀色或是弄得精神緊張了。

英語中有所謂的「Double Mind」，意思是嘴巴講的跟眼睛或表情表現出的內心真正感情完全不同。

比如說，明明希望孩子過來幫忙做家事，可是當孩子開口問：「爸爸，要我幫忙嗎？」

儘管爸爸嘴巴說的是「喔，不用。」可是讓孩子感到疑惑的卻是，爸爸的眼神是一股「你終於知道要過來問一聲」的責備神情。孩子耳朵聽到的和所觀察到的眼神和表情，傳達的是兩個完全不同的訊息，這會讓孩子感到困惑。

就好比明明亮的是綠燈，卻又要讓路給橫衝直撞的車子一樣。讓人不知是該走還是停下來。如果親子間經常出現這樣的狀況，孩子要費心地體察爸媽的真正心意，孩子只會變得很神經質。

不知不覺間，孩子也會隱瞞自己的心事和真正的想法，累的時候說他不累，不累的時候又說他累了，然後開始學會說謊。這是孩子形成雙重人格的重要因素。

請爸爸展現真正的感情。在社會上或許你需要各種演技，但是在家裡，請你成為一個態度明朗、黑白分明的父親。

動怒時不用刻意隱忍，發脾氣後馬上忘掉不愉快，當孩子有值得快樂的事發生時，請爸爸一起跟孩子同樂。

◆爸爸，請精神飽滿地跟孩子打招呼

現今的父親，在家庭裡感覺上好像是不存在似的。

這也見怪不怪。因為爸爸常常外出忙工作和事業，媽媽和孩子反倒很親熱。乍看之下，爸爸顯得跟家人很生疏。

其實父親在家庭的存在感是可以改進的。有個簡單又確實的方法，也就是拉開嗓門。

拉開嗓門說話不是要逼迫別人同意自己的看法，或是硬要家人認同你這一個人的存在，如果這樣，只會活生生地把你在家的地位給丟了。訣竅是，拉開嗓門打招呼，或是興高采烈地喊「GO！」

在家裡，打招呼的話語用的最頻繁的大概是，「早！」「謝謝！」「開動了！」「晚安！」等等。

這些平常話請爸爸率先說，而且要精神飽滿地說。

早上一大早，獨生子可能還是一付睡眼惺忪的模樣。

如果這時爸爸在走廊上或浴室前碰到孩子，請爸爸以非常有力氣的聲音喊道：「早！」孩子的瞌睡蟲會跑個精光。

孩子一定會回應你。這時就算孩子回答的聲音像蚊子一樣小，也沒必要硬性要求孩子一定要鏗鏘有力地回應你，或是嚴苛地要孩子重講一遍。

只要讓孩子感覺到爸爸經常是神采奕奕的就好。

「媽媽，爸爸每次打招呼嗓門都那麼大聲，你不覺得常被他嚇一跳嗎？」

當孩子有類似的反應時，就證明父親的存在感增強了。

一起進餐時，請爸爸務必開朗且大聲地喊「謝謝！」「開動！」。想必孩子一定也是精神飽足地回應「開動！」如果是美食當前，孩子自然是歡欣鼓舞。萬一碰到孩子不喜歡的菜色，爸爸要更賣力地喊出「開動！」這會讓平凡的飯菜加上一點色彩。

另外一個很好的字眼是「GO」。

某一個星期天早晨。

孩子一早對爸爸說：「媽媽說今天天氣那麼好，我們要不要到外面去野餐？」可以猜想得到一定是昨晚睡覺前，孩子跟媽媽決議好如果天氣好就找爸爸去郊外野餐。儘管爸爸看起來一臉疲倦，但是還挺得住，何況出去走走對身心都有益。

跟往常一樣，爸爸仍有一堆公事要處理，所以一臉疲憊。面對孩子的央求，他可能喃喃自語道：「要出去野餐嗎？是好久沒去野餐了。」隨即又將視線落在報紙上。

我要告訴爸爸們的是，你再怎麼懶洋洋地回答問題，也不能消除你的疲勞。人的復原能力是非常不可思議的。相信我！

這時候請不要猶豫不決。劍道裡有一個非常奧妙的道理就是，「當你感到猶豫時，請往前踏出一步！」

雖然你感到疲倦，卻又不願辜負家人的期待，當進退兩難時，請你馬上高聲地說：「好，我們走！GO！」

一直希望爸爸會答應要求的獨生子這一聽可是笑逐顏開。想必媽媽臉上也是掛著笑容吧。

這真的很重要。當爸爸一個爽快的回應讓妻子臉上頓時綻放笑臉後，爸爸臉上的倦意也消失無蹤了。真是不可思議。

這個假日成了好久以來難得的歡樂周末。或許爸爸很累，可是那是內心歡樂的疲累。工作上的疲累已煙消雲散，存留的是心情快樂的疲累。

當情緒得到轉換的出口，儘管肉體上仍疲倦著，精神卻會再次得到充電。彷彿涼風習習吹來，一直以來的假日倦怠都不見了，換來的是無所事事時得不到的輕鬆。

◆向孩子推薦自己覺得有趣的書

據說現在的孩子越來越不喜歡閱讀書籍了。

好可惜啊！我一直以為閱讀是人間的至極享受。因為閱讀時你可以在腦中構築一個小說舞台或是情境。

源義經的哀怨和戰國武將們的激戰，或是探險小說、戀愛小說、悲劇等等，無不扣人心弦。你可以進入劇中，隨劇情發展而神遊，或隨之歡喜哭泣。你也可以穿梭於過去和未來的時空中，像哆啦A夢一樣在時光隧道中來去自如。

過去的少年、少女從書中的人物學習到關於人生、社會、世界、歷史的事。

或許卡通和電視節目也提供類似的視覺效應。但大不相同的一點是，閱讀是在自己的腦中繪製圖畫，但是卡通和電視節目是經由他人幫孩子繪製圖畫。那是外來的東西。

或許因為完全不用動腦筋就可以輕易得到繪製好的畫面，孩子因而樂得坐享其成。相反的，閱讀可要動動腦筋才能將書中的畫面展現出來，不運用自己的想像力是萬萬不能達成的。透過閱讀，孩子可以自己建立腦中的檔案。

如果爸爸年少時曾讀過什麼有趣的書，不妨提供書單給孩子讀讀。

「我唸小學的時候最喜歡讀《叢林書籍》和《十五少年漂流記》（*Les Voyages Extraodinaires*）〔朱利・凡爾納（Jules Verne, 1828～1905）著〕，真的好有趣。你要不要讀看看？」

我希望爸爸們可以這樣介紹自己曾經沈迷過的書。

給孩子一個閱讀機會，但不要強迫。只要小說的內容是有趣的，孩子自然而然會去讀它。

有一個父親就這樣跟孩子聊司馬遼太郎。「他的書寫的真有趣。特別是坂本龍馬和土方歲，把男人該怎麼活的問題回答得很透徹。」

這孩子果真把爸爸書架上的《龍馬》拿下來，大概是一個月後吧，他問爸爸說：「好有趣。但是爸爸書架上司馬遼太郎的書不齊全，對不對？」

沒錯，那些書是很久以前爸爸讀的書，不知什麼時候掉了哪幾本。

「好吧，爸爸就試著再讀一次，也順便看看缺了哪幾本，再去補買。」

後來孩子興沖沖地跑去買書。

《龍馬》成了父子間最好的重要話題。孩子閱讀完後，大受感動地跟爸爸提議：

「爸爸今年暑假我們去高知玩，好不好？桂濱不是有龍馬的銅像嗎？」

當然爸爸很快地答應了。實際上爸爸老早就想去那裡玩一趟。

如果你只是想地要孩子「讀點課外讀物」，那是行不通的。可以試著向孩子推薦自己讀過有趣的書。

「我唸小學時候，兒童文學中最有趣的是《西頓動物記》（湯普森・西頓著）。中學時候，我最喜歡的是《少爺》（夏目漱石著）和《福爾摩斯》（柯南・道爾著）。」

回想自己在孩子那個年紀時，最愛的書是什麼，然後好好地推薦給孩子。

◆當孩子做出令人困擾的事時，該怎麼辦？

只要是人就不免犯錯，孩子也不例外。重要的是，犯了錯要懂得悔改。

當孩子惡作劇或順手牽羊時，很多母親知道後，都拒絕相信，認為「我的孩子絕對不會做出這種事。」

遇到這種事時，請家長們千萬不要為孩子掩護，而是確切地去瞭解自己的孩子究竟有沒有犯錯。

須要額外提醒的一點是，這時孩子可能會撒謊。天下父母心，父母總是護著自己的孩子，並且認為壞事也不是孩子自己做的。

有一個獨生子跟著班上幾個同學起鬨欺負另一個學生。聽說持續了半年，受害者的父母才知道孩子被欺凌的事實，而到學校告狀。經學校調查才得知果真有惡霸事件存在。

事情傳到獨生子的父母耳裡。孩子的母親怎樣都不相信自己孩子是欺負弱小的人。爸爸出面開導孩子。孩子辯稱：

「我並沒有想要欺負他，我只是跟他開開玩笑而已，沒想到他那麼認真。」

「爸爸小時候也發生過『言者無意，聽者有心』的遺憾事。我們班上有幾個同學嘲弄一個女孩子『笨蛋』『醜八怪』，他們大概講了她十次，爸爸當時大概講了兩、三次。其實我們是半開玩笑的。

畢業後，爸爸根本都忘了嘲弄別人的事，也完全忘記這個女孩子了。誰曉得被嘲弄的女孩子，一直耿耿於懷。三十年過去了，還是為這件事感到難過。

直到一次同學會，一個跟這位女孩子熟稔的同年級女孩重提往事，我才知道自己的惡作劇曾經那樣傷害人。或許只是自己輕鬆的一句玩笑話，沒想到當事人卻那麼難過。」

談過話後，孩子承認自己的惡作劇是一種欺負。

故事最值得注意的是後續的處理。這位爸爸執行了一項非常重要的任務。他主動追查了曾欺負這位同學的名單，並遊說這些孩子們的父母向被欺負的孩子表達萬分的歉意。既然孩子們都承認欺凌他人的事實了，這份遊說工作並沒有遇到太大的阻力。

這位父親這樣說：「我可以帶這些孩子去跟這位同學說道歉。」

幾位表示贊成的家長帶著自己的孩子隨同這位爸爸登門道歉，當然也包括這位爸爸的獨生子。透過這樣的道歉行為，或許可以治癒受辱孩子的創傷。

請教育孩子：一旦犯了錯馬上跟對方賠不是。

陪孩子一起去並低頭賠不是，我想這樣的父母親也算盡責任了。

◆只發生過一次的「吵架」

前面提到一些在家無所事事的父親的故事。彷彿父親是「白天亮著的路燈」，之所以拿「白天亮著的路燈」來形容父親，是因為平常不在家的父親們，好比大白天在陽光下閃爍的路燈，雖亮著，別人卻不認為它存在。

獨生子和媽媽經常掌握家中的主導權，爸爸只是無聲無息地跟在屁股後面，存在感當然很薄弱。而父親自己對於這樣的存在事實卻也感到無所謂。

我要介紹給讀者的正是這樣一個父親的故事。

這個父親身形矮小，小時候從來沒跟人打過架。長大成人後，也是一次架都不曾打過。他開起車來總是慢條斯理，連兩部車子會車，不管路權是誰的，他也一定是停下車來禮讓別人。

這個父親只有在年輕的時候打過一次架。

一個深夜，這位戀愛中的父親陪同當時還是女朋友的孩子母親在月臺上等電車。醉他跟醉醺醺的母親起了不小的爭執。當時孩子的母親拉起父親的手想要離開月臺。醉得非常厲害的母親還用非常不堪入耳的話嘲笑父親。

這位父親於是用力地甩開她的手，並向醉得快不醒人事的她說：「跟我說對不起！」但母親只是醉醺醺地笑著。

這個平日很有風度的男人一再地重複：「跟我說對不起！」、「跟我說對不起！」

後來，爛醉中的女朋友竟打起他來。即使這時候他仍堅持要對方賠不是。

「跟我說對不起！」

因為實在是太氣憤了，場面失控。母親突然揍了父親一拳，但是父親還是堅持要她道歉。後來母親終於酒醒了，爭吵聲引來路人的側目。

她一邊用手帕擦著滿臉流著鼻血的父親，邊下定決心，「跟這人結婚吧！」

這位母親常常跟她的獨生子提到這件往事：「我們家爸爸，雖然不打架，但是如果我們真的發生什麼事情了，他一定會拼命保護我們。我雖然只看到他打過一次架，但是我內心非常清楚。」

兒子聽了感到非常安心。爸爸真的很會打架嗎？他不是很知道答案。他只知道，爸爸個性很堅決。而這份堅決在必要的時候，一定可以護衛家人。也就是即使他被揍得只剩半條命，他也一定會拼了命保護家人。

希望每個父親都是那種可以為家庭捨棄一切的男人。

◆最危險的事就讓爸爸來做吧

現在要講的是一個類似的故事。

母親和孩子在草原上散步，突然一隻大熊迎面而來。日本的媽媽可能會轉身背對大熊，緊緊抱住自己的孩子。但是，這樣的做法很可能難逃熊從背後襲擊的厄運，結果母子都遇害。

美國的媽媽碰到這樣的狀況，則會把孩子藏到身後，自己則直挺挺地面對著熊，想辦法對付牠。這樣赤手空拳面對熊當然不會贏，若是真要跟熊打上一架一定準死不疑。但是，這樣臨危不亂地面對牠，牠也很可能會因為嚇一跳而轉身走開。

這是國民性的問題，沒有哪個好哪個壞的分別。日本的媽媽通常會捨身保護孩子，卻讓自己的安危暴露在完全沒有防備的風險中。

要守護這樣的母子，就只能靠父親硬戰了。

平日一付懶洋洋的樣子，只懂把月薪乖乖交出來養家的父親，若能在家庭面臨危機時，勇敢地挺身而出，那麼父親的價值立即顯現。

偶爾我們會聽到駭人聽聞的慘事。有的父親為了挽救掉入海中或身陷火窟的孩子而犧牲生命，那樣的父親都是捨命為家人奮戰的男人。

在電視新聞上我們可以看到孩子遭綁架，十多年來仍音訊渺茫，孩子的父母親流著眼淚呼籲各界積極協尋的感人畫面。這樣的父母窮畢生之力只為了找尋孩子可能生還的機會。

這都是配戴在父親胸膛前的勳章。

一個家庭會碰到各式各樣的難題，像兒子在學校被學長勒索，或是以下的個案，一個男孩子利用暑假期間去當舖打工遇到的事情。

這家當舖幕後的真正大老闆，其實跟暴力集團有關。打工結束後，店家拒絕給這孩子該給的薪資。只給一點點非常微薄的零頭。

孩子很氣惱地回家。他原本打算要拿這筆錢買心愛的吉他的，他哭泣地跟爸爸說出他的遭遇。

父親打電話給店東。沒想到對方惡人先告狀，竟揚言：「你打電話來簡直是騷擾。我要跟你索取精神賠償費。」父親第二次打電話過去時，對方一付準備打架的態度。這位父親很生氣，只好去找律師談，因為這已經演變成不只是單純錢的問題了。

律師請他跟惡店東講：「我已經找律師接手，今後會透過律師來跟你交涉。」

當父親言聽計從地打這通電話給對方後，果真對方不再吃定老實人，店家說：「一點點錢犯不著找律師或找兄弟打架，給你錢就是了。」

這件事因為父親的堅持而贏得勝利。

父親平日可以不生氣，可以懶懶散散的。但是當家人碰上困難時，一定要是作戰的主帥。

◆讓孩子從媒體報導瞭解這個世界

報紙和電視新聞沸沸揚揚地在討論日本首相參拜靖國神社的問題。當然，贊成和反對都各有立場。

這時，父親可以藉這個機會讓孩子瞭解世界上存在的許多問題。但是不要說出贊成或反對的意見，留待日後讓孩子自己去做判斷。

靖國神社究竟是怎樣的一個神社？為什麼首相參拜靖國神社會牽涉到憲法問題？為什麼中國人和韓國人抵死反對？

我希望父親能告訴孩子隱含的歷史背景。父親看了類似的新聞報導後，為了要給孩子一個正確的歷史概念，非得要搜集相關資料不可。這時閱讀就成了刻不容緩的事。

不只是時事而已。世界上究竟存在著哪些國家，也可以藉此機會讓孩子明白一下。好比今晚有世界盃足球賽，日本代表隊的對手是巴西。上半場和下半場間的休息時間，爸爸可以拿世界地圖和孩子聊一聊，讓孩子知道巴西的位置在南美，也可以請孩子找出巴西在哪裡。

父親應該盡可能把自己知道的社會和世界，利用機會告訴孩子。

現今的日本孩子和世界其他地方的孩子比起來，知識顯得非常貧乏。實際上，我也曾經有幾次因為孩子的缺乏常識感到驚訝。

「以前曾經發生太平洋戰爭，請問戰役在哪裡發生？」

「美國和中國。」

當我問學生北韓在地圖哪裡時，很多人都指著蘇俄或是中東。一旦孩子不瞭解應該具備的知識，為人父母的應該從旁協助。

請爸爸們偶爾在閒談中，讓孩子知道公司的組織、資金往來運作的大概模式，讓孩子從小就有一點概念。

餐桌上媽媽煮好的飯菜，有時也是很好的知識題材。今晚有煙燻鮭魚，話題可以是鮭魚的盛產地在哪裡，還有鮭魚有哪些自然習性等，既有地理又有生物科學概念，種種的豐富資訊父母都可以在閒話家常中教導給孩子。

爸爸要怎樣跟獨生子談關於戀愛或性的問題？儘管棘手，這些話題卻又很難避免。其實，只要在適當的時候提起就可以了。我想父子間平日的話題是可以很多樣的，重點在爸爸能夠與孩子無所不談。

◆第 5 章

獨生子的成長訊息

◆嬰幼兒的反抗——成長的訊息

最後一章我要談的是關於獨生子的「成長訊息」。

並非只有獨生子的父母親才有養兒育女上的困擾。就算擁有好幾個孩子的媽媽，也因為每個孩子都有他自己的個性，所以母親對待每一個孩子，都是抱持著第一次接觸他們的心境。

養育孩子是一連串發現和疑惑的過程。以下，我要介紹的是每個年齡層孩子的行為特徵，父母可以作為參考。

首先是嬰幼兒期。這段時期指的是零歲到三歲的孩子。孩子再怎麼小，都有他自己的個性。嬰幼兒期的孩子都期盼自己長大，而且想跟周圍的人做同樣的事。

我在遊樂場看到以下情景。一個三歲的小男孩準備從溜滑梯上溜下來。小男孩的媽媽想保護小孩，所以她從背後抱住孩子，準備抱著孩子一起往下滑。

「不要！」孩子死命地拒絕。

因為後面還有其他的孩子要溜滑梯，媽媽只好作罷，讓孩子自己一個人溜。

結果，這個小男孩溜到一半，竟嚇得哭起來，也不敢再往下滑。幸虧得到後面大哥哥的協助，小男孩才順利滑下來。

媽媽謝過這位大哥哥後，開始罵哭泣中的小男孩。我看到整件事情的經過，心想，這是這位小男孩很難得的成長過程。

二到三歲的孩子進入所謂的反抗期，時常愛說：「我不要！」來表示他的反抗。母親應該為孩子這樣的行為感到高興。媽媽因為覺得有危險，所以這也不讓孩子做、那也不讓孩子做。可是星期天如果爸爸也在家的話，或許可以稍微順任孩子的主張，讓孩子做只有一點點危險的事。

這是獨生子才有的特權。孩子較多的話，就無法這麼做了。因為孩子只有一個時，父母親可以同時睜亮四個眼睛盯著孩子的安危，這樣不大容易出什麼危險。

或許平常父母要耳提面命地告訴孩子這樣做不行、那樣做不可以，但是隨著孩子成長，或許父母可以一點點地鬆綁，讓孩子有一點點自由。

任何時刻都不能離開媽媽身邊、沒有得到媽媽允許不可以有任何行動的孩子，也許才會出問題呢，因為孩子內心總感到不安。

有的媽媽的確太嚴苛，也干涉太多。其實只要孩子有充裕的時間，請試著讓孩子自由地玩耍。孩子也會知道媽媽的底線在哪，並學習在允許的安全範圍內摸索。

孩子好奇地拉拉窗簾，很可能把窗簾扯破了也說不定。但通常很多孩子這麼做，只是為了引起媽媽的注意。

這時請不要責罵孩子。請讚美孩子「哇！你變得好有力氣啊！」然後再提醒他「你力氣這麼大，再拉的話，窗簾會被扯壞喔！」孩子如果聽得懂的話，自然就會住手。

「因為我很有力，所以我才不去拉窗簾呢！」孩子會因此感到自豪。

嬰幼兒期的反抗性，可以從這裡窺見。這是成長的印記，也是值得高興的事。

◆上幼稚園後的孩子很愛講道理

一上幼稚園，隨著孩子運動能力的發達，行為漸形粗暴。特別是小男孩，在媽媽的眼裡顯得很蠻橫無理。

如果媽媽自己從小是在沒有兄弟的環境下長大的話，或許會對小男孩的行為感到憂心忡忡。因為不習慣孩子的行為而認為「男孩子實在太粗暴了。」父母親很容易有「我家兒子特別壞」的想法。但其實孩子也不是真的很壞，不過是一般男孩子常做的事罷了。

四到六歲的孩子，不僅運動能力開始發達，智力也會蓬勃發展、語彙急速增加。上幼稚園後，他會問一些父母不懂的問題。會變得很麻煩、愛強辯和講道理。

這時期的孩子常常會一個人獨自玩遊戲。在家也是一個人玩樂高、一個人畫畫。這時期，孩子的媽媽最常掛在嘴邊的一句話是「兒子好像不大理我了。」這是孩子最早脫離父母的獨立象徵。

看到孩子在幼稚園裡自己一個人玩，有的媽媽會高聲喊叫，要孩子「去跟大家一起玩」。大人的想法是「跟大家一起玩的孩子是好孩子」、「獨自一個人玩的孩子不合群」。這樣的價值觀其實不適用於孩子。

有的孩子儘管可以跟大家一起玩，卻喜歡欺負別人、或是漠視別人的存在，這樣反倒交不到朋友。有的孩子喜歡自己一個人玩，這只是孩子的個性問題。

這時期的孩子負面情緒跡象有咬指甲和尿床，有必要稍微注意。孩子的行為都是有意義的。當孩子有不正常的行為時，要試著去瞭解行為背後的原因。不過就算問孩子為什麼這麼做，孩子的回答能力也可能無法充份地表明一切，這時就只有靠父母的仔細觀察並解讀了，能這樣做的父母才是負責的父母。

像孩子會咬指甲，父母應該好好觀察孩子什麼時候容易出現咬指甲的現象。比如說，在幼稚園裡，孩子喜歡的玩具被別人拿去玩，這時他會咬指甲。或者在公園遊樂區，他想加入沙坑內跟其他的孩子一起玩，但是他不會用嘴巴講出他要的目的，卻用咬指甲來表示。這時父母與其責備孩子「不要再咬指甲了！」還不如鼓勵孩子「你跟他們說，我也進來玩，好嗎？」

平常講話都好好的孩子，當外婆來造訪的時候，孩子講起話來就口吃。母親免不了要斥責孩子「好好地講話，跟平常一樣。」

為什麼外婆一來家裡玩，孩子講起話來就口吃呢？我想是因為孩子看到媽媽跟外婆在聊天，他想插嘴，但速度卻趕不上，所以感到無比焦慮而口吃。

當你發現孩子想加入談話時，不妨有耐心地詢問孩子：「有事嗎？」畢竟這時期的孩子需要父母花心思去觀察。

◆小學低年級的孩子會熱中於某些事物

進小學以後，孩子會有戲劇性的變化。孩子的伙伴中，每個人都有自己熱中的嗜好，雖然這是很自然的事，但有些嗜好卻是父母親不太能接受的。

特別是男孩子喜歡的某些玩意，有的很讓母親困惑。像是收集遊戲卡，或是喜歡昆蟲、製作屬於自己的祕密基地。母親或許很難理解孩子的熱情，但是這一切都是孩子塑造自己非常重要的課程。孩子不能光只是唸書，孩子也可以透過跟求學無關的事而得到成長。

孩子跟朋友之間會有金錢的借貸關係，或是一群孩子一起做些無聊沒意義的事，甚至有偷竊行為。碰到這些事，父母該如何處理？這裡請注意「糖果或棍棒」的分別使用。

首先是「棍棒」，亦即懲罰。當孩子出現偷竊行為時，無論如何要嚴厲教誨。

「會偷東西的孩子不是我們家的孩子，請離開這個家。」要讓孩子知道，如果有偷竊行為，他連家門都進不了。

這種做法能產生效果的。因為做壞事會被父母拋棄，再加上如果被鄰居知道自己做壞事而遭到懲罰的羞恥，會讓孩子抑制做壞事的衝動。

如果父母親礙於面子問題，家醜不願意外揚的話，將來釀成更嚴重的問題，那可就後悔莫及了。

到此為止我們講的都是關於棍棒（懲罰）的一面。至於糖果（讚賞）的一面，我想一句「媽媽相信你」就是最好的讚賞。簡單一句話，充份地表達了「不要辜負了媽媽對你的信任」的宣誓。這也適用於小學低年級孩子。雖然年紀小，但畢竟是男孩子。他絕對有「不要讓媽媽傷心」的義氣在。

◆小學高年級的孩子，朋友比父母重要

一到了小學高年級，競爭意識萌芽，特別是日本的學校教育有助長競爭意識的傾

向，孩子會很在意考試成績等自我評價。

會唸書的孩子會更加努力唸書，會運動的孩子會更加專注於運動上。

孩子不再那麼重視父母的看法，反倒比較在乎學校老師和朋友的意見和動向。

比起跟父母的約定，孩子開始比較重視他跟朋友的約定。不要以為孩子仍像過去一樣，會對跟父母的約定唯命是從。現在孩子比較關心他跟朋友之間的協定，因為他希望被別人當成一個完整的個體。

「今天下午要去掃墓。」

「啊？下午我跟小華要去玩。」

「昨天不是玩過了？」

「可是我們約好了。」

「可以拒絕嗎？」

當然孩子會很不滿。類似這樣的事會出現在這個時期。

此時孩子跟朋友之間的糾紛也會增加；借朋友的遊戲壞了或不見了；欺負別人、或者被人欺負，大大小小的爭執層出不窮，讓父母傷透腦筋。

這時，爸爸一定要出面幫忙解決問題。因為小學高年級是青春期的入口。他們會講朋友壞話、不聽媽媽的話，明顯地開始孩子的反抗期。

有些媽媽喟嘆道：「以前這孩子多乖啊！」男孩子開始意識到媽媽是女性，然後開始抗拒媽媽。

這時候，爸爸應該以同性友人的身份出現。請爸爸們把自己年少時的經驗拿出來跟孩子分享。

請告訴兒子：「媽媽是女人，所以不太懂你的想法。但請別讓媽媽傷心。」

「媽媽，我今天跟朋友要去看電影，所以不回家吃飯。」面對已經準備好兩人飯菜的媽媽，孩子此時可能要有點道歉的口吻。

另外，父子倆也可以一起做木工、或是打打棒球。

或許爸爸都在忙工作或打高爾夫球，但請爸爸們務必保留一天給孩子。如果你不留點時間給孩子，時間一久，孩子跟你的距離就會越來越遠，不知不覺孩子就長大了。這時很多事可能都來不及了。

◆上了國中孩子變得沉默是很自然的事

一位非常受歡迎的漫畫家應邀到某國中演講。這位漫畫家因為擅長描繪男人的世界，特別是描繪不良的花花世界，所以聲名大噪。據說，漫畫家本身在國中時代就是個令校方頭痛的人物。正因為有這麼一段叛逆的過去，才受邀到國中演講。

他認為，「特別是國中這三年要好好忍耐，熬過去以後要做什麼喜歡的事都可以。」

演講繼續在「過有意義的中學生活」、「人生重要的時期」、「奠定基礎的時代」等話題上著墨，或許這位漫畫家的演說十分新鮮且別出心裁吧，他的話很能打動孩子的心。

「忍耐」，的確是中學生必須學習的工夫。

孩子上了國中，因為身體已像個大人，很容易產生一種做什麼事都可以的錯覺。但因為這時期的孩子還在保護者的羽翼下，並不是一個完全的個體。所以這個時期的孩子必須知道忍耐和讀書的重要，以及人際關係維繫的重要性。確實，像校規那樣的教條是約束自由的，它要約束孩子不安定的身心，讓他們有紀律地生活。

這時期的孩子會發現不管是在學校、社會或家裡處處都是「不可以這樣、不可以那樣」的警告。因為很多事情都在禁止的範圍內，中學生真實的一面根本無法顯露。

「特別是國中這三年要好好忍耐。」仍然不能如實地表達中學生的心境。

國中這三年裡，孩子要研讀知識做未來學問的基礎，透過體育運動來培養團體生活的基本，並以此為根基，從國中銜接高中、從高中銜接大學，使孩子自由無礙地迎向未來。畢業後到社會工作，也能不妨礙他人地發揮所長，自由自在過日子。

為了以後的自由，所以現在要用功唸書、忍耐、努力。

瞭解這樣的道理後，孩子才可能知道中學生活辛苦的意義何在。孩子唯有知道臥薪嚐膽是為了更亮麗的未來人生，才能在惶惑的青春期期間得到身心的安頓。父母親要讓孩子知道，這時的忍耐是為了更自由的明天。

高中時代可以交到一輩子的朋友，孩子也會在朋友關係中自我成型。

高中不是義務教育，是依學力篩選出同等能力的孩子。朋友跟自己的實力都差不多，所以很有機會交到一輩子合得來的朋友。

◆青春期裡重要的「好叔叔」

已經逝世的電影導演，同時也是作家、演員的伊丹十三先生曾經編了一本名為《我的叔叔》（MY UNCLE）雜誌。《我的叔叔》是青春期男孩子們不可缺少的存在。

青春期的男孩子對女孩子、對性和煙酒等大人的東西，都有那麼一些好奇。但是關於這些好奇，孩子不敢跟媽媽提，也不能跟爸爸講，當然更不敢跟朋友說，朋友的父母也不是這類談話的對象。

這時候，一個能夠無所不談的叔叔顯得珍貴無比。

雖然身為孩子的叔叔，但年齡太大的話也不會是孩子的考慮人選。因為如果孩子跟他談關於性方面的苦惱，他可能會罵：「有時間幹嘛不拿來讀書？瞎煩惱什麼？」理想的好叔叔人選最好是爸爸或是媽媽單身未婚的弟弟，個性瀟灑、不拘小節。而正在追逐夢想的叔叔更是最好的人選，像在劇團裡悶了好久的跑龍套演員，這種眼中閃著追尋理想光芒的叔叔是最理想的類型。

這樣一個叔叔，必定知道爸爸年輕的過去，孩子可以跟他聊聊真心話。

「你爸爸國中的時候，好像會抽煙，是學校的頭痛人物。」

「多談幾場戀愛吧。對女生沒有興趣的男人，是沒受過世間情愛磨練的人。」

這是很貼近真心話的看法。

孩子很難對父母啟齒有關性方面的問題，由叔叔來引導認識也不錯。

一位朋友的孩子加入地方上的棒球隊。每次比賽前，總有一個任職消防隊的男人跑來擔任教練。由於他都是下班後趕過來的，所以手裡都拿著啤酒。

他總是口沫橫飛，連敵方球隊的隊員都喜歡他。可是媽媽們對他的評價卻不高，甚至覺得這教練有點不三不四的。

這個教練其實在男孩子看來，就是個不可多得的好叔叔。碰到祭典他就會帶些烤肉串或是棉花糖給孩子吃。平常父母拒絕買給孩子吃的零嘴，他有時也會帶來給孩子。

孩子在這樣的異文化下長大是好的。如果沒有這樣一個教練，這些孩子也許將來長大成人了，都還不曾品嚐過廟口前叫賣的糖果。「小時候我好想買糖葫蘆，可是因為爸媽反對，我一次都不曾吃過。」孩子也許會抱著遺憾過一生。

這樣的人物是孩子青春期難能可貴的存在。他可以暢行無阻地以不同於父母的方式去理解孩子。可惜的是，現在這樣的好叔叔不多了。這也是現代父母很大的損失。

國家圖書館出版品預行編目資料

獨生子怎麼教 / 多湖輝著；鹿谷譯．-- 初版．
-- 臺北縣新店市：世茂，2006 [民 95]
面；　公分，--（婦幼館；92）

ISBN 978-957-776-812-4（平裝）

1. 獨生子 2. 親職教育 3. 父母與子女

544.147　　　95022612

婦幼館 92

獨生子怎麼教

作　　者／多湖輝
譯　　者／鹿谷
總 編 輯／申文淑
責任編輯／呂丹芸
封面設計／莊士展
出 版 者／世茂出版有限公司
發 行 人／簡玉芬
地　　址／（231）台北縣新店市民生路 19 號 5 樓
電　　話／（02）2218-3277
傳　　真／（02）2218-3239（訂書專線）
（02）2218-7539
劃撥帳號／19911841
戶　　名／世茂出版有限公司
單次郵購總金額未滿 500 元（含），請加 50 元掛號費
酷 書 網／www.coolbooks.com.tw
排　　版／辰皓國際出版製作有限公司
製　　版／辰皓國際出版製作有限公司
印　　刷／世和印製企業有限公司
初版一刷／2007 年 2 月
三刷／2010 年 1 月

ISBN-13：978-957-776-812-4
ISBN-10：957-776-812-1
定 價／180 元